BASES

Lo básico en el desarrollo de una organización

WILSON SANTOS

Bases - Lo básico en el desarrollo de una organización
©2015 Wilson Santos.

ISBN: 978-1-51870-575-5

Impreso en USA.

Las historias presentadas en este libro son de personas reales, pero sus nombres están cambiados a fin de proteger la identidad de los implicados. También con el objetivo de que cada líder pueda identificar su organización con estos principios, o bien pueda adaptarlos a su liderazgo.

Corrección, diseño de tapa e interior: Ediciones Bara.

CONTENIDO

PRÓLOGO

E n el camino de construir nuestro propio negocio, mi esposa y yo hemos tenido la oportunidad de conocer a muchas grandes personas. Con sus enseñanzas, muchos de ellos han contribuido grandemente a nuestro crecimiento personal y al desarrollo de nuestro negocio.

Wilson Santos ha sido una de esas personas especiales para nosotros, con quien además hemos desarrollado una gran relación de amistad y de cooperación.

Desde el principio, en una de sus presentaciones de motivación y enseñanza, nos dimos cuenta de que Wilson tiene mucho que dar a aquellas personas dispuestas a aprender. Su enseñanza es sencilla y su contenido es práctico y aplicable para quien esté listo a ponerla en acción y avanzar. Y esto resulta, mayormente, porque su enseñanza parte de su propia experiencia en el ramo de las ventas directas y en el desarrollo de personas para equipos de negocios exitosos.

A través de sus charlas y de sus libros, Wilson es un gran contribuidor para toda persona emprendedora. Su habilidad y disponibilidad de aprender, inclusive de aquellos lideres a quienes enseña, le da a Wilson una perspectiva muy distinta a la de muchos otros escritores. Él sabe de lo que está hablando. Lo vive y se asocia con gente que lo vive. Es así que surge este último libro de Wilson Santos: **Bases**. Allí usted encontrará ideas poderosas para preparar su mente, al igual que herramientas prácticas para obtener un mejor crecimiento en su negocio. Lea y estudie este libro, y si pone sus conceptos a buen uso, pronto verá los resultados.

Juan Marroquin
Proyecto Libertad

I

LOS PASOS INICIALES

"No pida a Dios que guíe sus pasos, si no está dispuesto a mover sus pies".

Anónimo

Cuando hablamos de *Primeros Pasos* nos estamos refiriendo a las cosas básicas que se necesitan para tener una vida próspera en este negocio. ¿Por qué? Porque estoy hablando de compañías que han sido probadas por sus mercados y bajo un crecimiento asombroso. Si usted lo analiza, verá que muchas de las empresas existentes que pertenecen a los negocios de redes, se estancan después de cierto tiempo de actividad en el mercado. De ahí es que surge la idea de que una compañía de red, solo da resultados y es segura si tiene dos años en el mercado y menos de cinco. Sin embargo, eso no tiene nada que ver con la realidad y lo podemos probar con los números de ventas de las diferentes compañías que han triunfado.

Pero no obstante, como este no es un libro de debate sino de concientización y crecimiento, si usted entrara a trabajar en una compañía de red, más que el tiempo que ésta tenga en el mercado, usted debe tomar en cuenta dos detalles imprescindibles.

El primero es la venta directa: Este tipo de venta consiste en ofrecer y vender los productos o servicios (que son parte de su negocio) directamente a los consumidores. Aunque muchas compañías no se enfocan en la venta directa, caben en esta categoría por tener un buen producto.

El segundo detalle es la formación de redes comerciales: Esto consiste en invitar a la mayor cantidad de personas posibles a que participen del negocio en el que usted se encuentra. Las personas que acepten, serán sus patrocinados y pasarán a conformar su red de multinivel, *downline* o línea descendente. Más adelante trataremos con más detalles acerca de la solidez y la importancia de estos negocios, pero por ahora lo quiero invitar a que pueda tener en cuenta algunos pasos básicos.

Una vez que usted se convierta en un nuevo socio de la compañía, debe saber que para crecer en este tipo de negocio hay que dar ciertos pasos fundamentales, los cuales presentaremos rápidamente y de manera resumida. Más adelante los estudiaremos en detalle.

1. COMPRE LOS PRODUCTOS DE LA COMPAÑÍA Y ÚSELOS.

Haga un pedido de los productos que usted utiliza a diario. Todas las personas usan jabón, pasta dentífrica, detergentes, etc. Y así como beber agua, cocinar, alimentarse y usar suplementos vitamínicos es elemental para la buena salud, comenzar a usar los productos esenciales de la compañía es básico para su crecimiento empresarial, pues nadie da de lo que no tiene.

2. APRENDA LO QUE MÁS PUEDA ACERCA DE LOS PRODUCTOS DE LA EMPRESA.

Debido a que la compañía tiene una gama muy amplia de productos, es necesario que usted se especialice en una línea en particular.

3. HAGA UNA LISTA DE SUS AMIGOS Y CONOCIDOS.

Haga una lista de las personas que conozca y agréguele el número telefónico correspondiente. Comience en orden de prioridad. Empiece con las personas con quienes mantenga una relación cercana. Hermanos, hermanas, tíos, sobrinos, amigos y luego siga con aquellos que no son muy amigos pero que son relacionados de sus conocidos. Por ejemplo, compañeros de trabajo, proveedores de servicios de sus amigos y allegados. En esta lista puede incluir personas de toda la nación y de todo el mundo.

Empiece con las personas con quienes mantenga una relación cercana.

4. HAGA UNA LISTA DE CUÁLES SON SUS SUEÑOS

Esta lista no los abarcará a todos, sino a los que usted piense alcanzar con su negocio. Un ejemplo podría ser: *"En los próximos seis meses quiero ganar "x" cantidad de dinero para que mi esposa deje de trabajar. Ahorraré diez mil dólares para adquirir un auto, otra suma para el pago inicial de mi casa, etcétera".* Formúlese además, metas que no sean monetarias, pero que le permitan crecer y avanzar hacia las diferentes posiciones que la compañía le brinda.

5. ASISTA A TODOS LOS EVENTOS.

Una de las actividades que más ayudan a crecer al nuevo socio es la asistencia a todos los eventos que la organización realiza, ya que además de que su motivación aumenta, su nivel intelectual se desarrolla y crece en cuanto al conocimiento de la compañía y otros temas de interés.

6. HABLE CON TRES PERSONAS CADA DÍA PARA AUSPICIARLAS O VENDERLES PRODUCTOS.

Usted debe fijarse el objetivo primero de aprender de un líder constructor comprobado, y luego aprender a hablarles por lo menos a tres personas cada día. Eso va a permitir que su organización se desarrolle al cabo de uno o dos años. Esta meta es muy importante ya que el auspicio y la venta están muy relacionados con los promedios de contactos.

7. LLAME TODOS LOS DÍAS A SU LÍDER CONSTRUCTOR.

La conexión con su líder es muy importante ya que él o ella tienen muchas cosas que enseñarle sobre el negocio, pero no suponga que su líder lo va a llamar. Dé un paso adelante en cuanto a esto último, ya que su guía tiene que atender a más personas y su iniciativa le facilitará a él su trabajo, mientras que a usted, el crecimiento.

8. ESCUCHE UN AUDIO DE MOTIVACIÓN O ENSEÑANZA TODOS LOS DÍAS.

La capacitación es muy importante y una de las formas de educarnos es a través de los audios y los libros. Se cree que una persona que aprovecha las horas "muertas" para leer libros y escuchar audios y charlas en disco compacto, haría que su conocimiento sobre lo que hace aumentara con el menor esfuerzo, ya que está aprovechando las horas muertas del tránsito, del gimnasio, o del trabajo.

9. ASUMA UNA ACTITUD POSITIVA CADA DÍA.

Despertarnos cada día con una actitud positiva debe llevarnos a realizar los cambios necesarios para crecer. Eso hará que las personas crean en nosotros y nos sigan. Las personas positivas son inspiradoras y siempre hacen que los demás vean algo bueno hasta donde no lo hay.

10. NO HABLE CON NADIE EN FORMA NEGATIVA.

Cuando hable de su negocio a sus seres queridos o a otras personas, sepa que muchos lo van a criticar y hasta menospreciar; sin embargo, usted no debe mostrar hacia ellos una actitud de crítica, quejas o rechazo. Las personas no están en contra de usted ni de la compañía que usted representa; sus malos comentarios o actitudes no tienen nada que ver con usted ni con el negocio, sino con sus propias creencias. Ellos desconocen lo que usted sabe, por lo tanto debe ser paciente.

11. MANTENGA SIEMPRE UNA ACTITUD DE CAMBIO Y CRECIMIENTO.

Aunque nos esforcemos mucho por algo, no siempre vemos los frutos de inmediato. En la misma naturaleza encontramos esa ley: el agricultor siembra la semilla, pero es necesario que tenga paciencia con el proceso que esta debe cumplir. Es bueno que la atienda, que la riegue con agua y con los elementos que la ayuden a germinar mejor; que la pode cuando crezca, que cuide de que la maleza no la perjudique y que haga todo lo posible porque los insectos no la arruinen. La semilla no da fruto el mismo día, ni el siguiente, ya que después de sembrarla hay que esperar para que brote y se prepare a fin de que el agricultor la cultive.

12. INVIERTA EN SU NEGOCIO

Nada es gratis. A muchas personas les agrada lo fácil, lo barato y lo gratis. Les encantan las ventas especiales con precios reducidos y si hay obsequios adicionales sin costo alguno, mucho mejor. Por eso, al presentarles un negocio como esta industria —con tantas facilidades y posibilidades para hacerse ricos— creen que es algo fácil, gratis y que todo saldrá de manera automática. Pero eso no es verdad. Como todo en la vida, no solo hay que creer en el negocio, sino que también hay que crearlo.

Por ello, al entrar en la industria usted tiene una gran ventaja, y es que hay un sistema estructurado, probado por personas que han luchado por años y que lo han logrado. El éxito, de por sí deja huellas; huellas que usted puede ver con claridad. Pero no se pierda ni confunda una cosa con la otra. No es lo mismo algo simple que algo fácil. Lo aclaramos: esta industria es simple, porque todo está a disposición de usted; sin embargo no es fácil, ya que hay que trabajar y concentrarse en la tarea de establecerlo.

Para establecer un negocio, sobre todo hay que saber invertir en uno mismo. El negocio de red es un negocio de baja inversión. ¿Qué quiero decir? Por ejemplo que en este negocio no hay que pagar una renta alta todos los meses, como sí ocurre en los negocios tradicionales. Tampoco hay que pagar a un personal, no hay que tener un almacén lleno de mercancía, no hay que pagar millones de dólares a un fabricante para que produzca los artículos.

Creo que es suficiente en este tipo de negocio, la inversión de dos horas de su tiempo por lo menos seis días a la semana y una cantidad muy diminuta de dinero. Es más, en la línea de negocios es una industria única. Nadie se compara ni compite con esta modalidad. Sin embargo, para crecer debemos hacer pequeños sacrificios en cuanto a tiempo y dinero. ¿En qué es necesario invertir? En herramientas como: discos compactos, DVDs, libros, folletos y cuentos que capacitan; en congresos, reuniones y otras herramientas que lo ayudarán a mantenerte motivado, enfocado y en crecimiento.

En realidad son inversiones mínimas, pero que lo pueden enriquecer. Zig Ziglar dijo: *"Vacía el bolsillo en tu mente y tu mente llenará tu bolsillo".* La mayor inversión que usted hará no es en la compañía, ya que ésta ha hecho lo máximo para ayudarlo a construir su riqueza; la mayor inversión es en usted mismo. Si no invierte en usted, no podrá crecer.

II

EL ABC
DEL LIDERAZGO

En la mayoría de los casos, este tipo de industria de red tiene tanto beneficios tangibles como intangibles. En la mayoría de los casos, la gente se enfoca en los primeros. O sea, en lo que puede recibir y dar de manera inmediata, pero no en cuánto podrían aprender, recibir, o desarrollar internamente. De la misma manera las personas deben tomar acción en su crecimiento para desarrollar las cualidades internas que no siempre pueden ser medidas, vendidas o evaluadas y que difícilmente se pueden desarrollar bajo un método específico; pero sí es necesario desarrollarlas para poder avanzar en el desarrollo del liderazgo y organización. Estas cualidades del carácter no siempre se pueden medir bajo la lupa de los números o el dinero, pero sí siempre dejarán resultados sin límites. Es por eso que en este capítulo quiero dejar a su disposición lo que yo llamaría **los beneficios intangibles del crecimiento**, y que a la vez son las bases, los cimientos donde usted puede pararse y formar su liderazgo y su negocio.

1. LA VISIÓN

Aunque la compañía u organización a la que pertenece tenga una visión general, para que una persona tenga éxito en este tipo de negocio debe poseer una visión clara de hasta dónde quiere llegar y qué es lo que realmente desea alcanzar. La razón del por qué algunos de los que ingresan al negocio no triunfan no se debe a que la compañía no sea exitosa ni tampoco a que no tenga un producto eficaz. Sencillamente se debe a que no saben a dónde van ni cuándo, ni cómo. Y, lamentablemente, el que no sabe para dónde va, ya llegó.

> ### *Y, lamentablemente, el que no sabe para dónde va, ya llegó.*

¿Qué es visión? Es tener una imagen clara del futuro para lograr una vida mejor o peor. ¿Por qué mejor o peor? Porque si su imagen es mala su futuro será igual. Algunos dicen: *"Esa persona no tiene visión"*, pero la realidad es que no tiene una buena visión, porque todos tenemos una. El problema es que unos la tienen confusa y otros definitivamente la ven mal, mientras que muy pocos la tienen clara y buena. Esto último se observa en el 5% de las personas que terminan con buenos resultados, es decir, económicamente bien.

Un amigo que pertenece a una de estas compañías de redes me dijo: *"Conocí este negocio en la República Dominicana pero, debido a diversas circunstancias, decidí venir a los Estados Unidos de Norteamérica"*. Cuando él llegó a este país, decidió buscar una persona que hiciera el negocio y al encontrarla le pidió de inmediato que lo afiliara al mismo. Este hombre que ahora es un empresario de renombre me afirmó: *"Mi auspiciadora no tuvo que presentarme el plan, no tuvo que motivarme, ni tuvo que hacer una cita conmigo; es más, ni siquiera sé dónde está hoy, solo sé que me hizo entrar en el negocio y yo seguí con mi visión, porque tenía un sueño y no lo iba a abandonar, aunque la persona que me auspició se desanimó".*

Cuando uno tiene una visión —y es para mejorar el futuro de su familia y el del mundo que lo rodea—debe estar dispuesto a hacer cualquier cosa para ponerla en práctica y desarrollarla. Es más, debe ser capaz de soportar todos los momentos y las circunstancias difíciles para concretar esa visión.

Mi amigo a quien le voy a llamar Carlos, prosiguió diciendo: *"No solo me quedé en el negocio porque lo vi bueno, o porque vi una oportunidad, sino que lo abracé, lo amé y lo hice parte de mí; esto me permitió enfrentar los obstáculos que brinda el proceso de desarrollar una organización con buenos fundamentos".*

Las metas no son fáciles de alcanzar, pero se consiguen dando un paso tras otro.

2. LAS METAS

Todo aquel que quiere hacer algo debe pensar en las metas, ya que ellas son las que lo llevan de un nivel a otro. Las metas no son fáciles de alcanzar, pero se consiguen dando un paso tras otro. Su primera meta en el negocio no tiene que ser llegar a la mayor posición. Al contrario, debe empezar por el primer nivel, luego el segundo, el tercero y así sucesivamente hasta llegar al más alto crecimiento. ¿Por qué? Porque al hacerlo así, estará creando una plataforma que lo llevará al máximo nivel de manera automática. En los multiniveles hay dos cosas importantes:

a. Fijar metas basadas en los auspicios de personas.

Esto le dará a su negocio un nivel de seguridad y solidez extraordinario, lo que le conducirá al éxito que busca. Muchos comienzan entusiasmados, ascienden la escalera del éxito, pero se caen porque lo hacen de manera inapropiada. En los negocios de redes, el crecimiento no depende solo de lo que usted haga; de hecho, su trabajo debe ser insignificante comparado con el de su equipo. Por eso sus metas deben ir a la par con las del equipo. **Es mejor ganarse cien dólares de cien personas ganando un dólar de cada uno, que ganarse personalmente cien dólares haciendo todo el trabajo.**

Marcos por ejemplo, en tres años, se convirtió en un líder de su negocio porque tenía su meta clara y sabía que la única forma de alcanzarla era a través del auspicio constante. Me dijo: *"Le hablaba a todo tipo de personas, no descalificaba a nadie y los veía a todos como un buen prospecto para que fueran mis socios. En tres años desarrollé una organización y eso es lo que he vivido por los últimos 19 años. He disfrutado el placer de tener libertad financiera y de vivir la vida que me gusta. Me levanto tarde y me acuesto tarde, ese es mi estilo. Así me gusta vivir y lo puedo hacer porque no tengo un jefe que me diga lo que debo hacer.*

Nadie alcanza una meta a menos que no aprenda a ser un hombre libre y comprometido consigo mismo y con sus sueños".

b. Fije metas colectivas, de equipo, no solamente personales.

De nada sirve pensar solo en lo que usted puede hacer, sino que debe planificar para las personas que están con usted y para todas las que van a llegar en el futuro. Por ejemplo, si está empezando su negocio es probable que haga planes para un año. Seguramente se preguntará: *"¿Cuántas personas estarán conmigo y con quiénes contaré para lograr lo que quiero?"* Eso hará que sus planes no se basen únicamente en sus capacidades, sino que también tome en cuenta las capacidades de cada uno de los integrantes del equipo.

3. LAS METAS PERSONALES Y LAS METAS DEL EQUIPO

Algunas personas se ilusionan pensando que pueden crecer en un negocio de red sin hacer nada, y esa es la razón por la que muchos se pasan de un negocio a otro. Creen que el problema no está en ellos sino en el negocio. He visto muchas personas salir de una compañía para luego tener que volver. Y es que se dieron cuenta de que estaban mejor aquí que en la empresa nueva en la que les prometieron villas y castillos que nunca se concretaron.

Eliezer me contó que él y su compañero -que son amigos inseparables-, reunieron en New York a un buen número de personas. Cuando estaban en ese punto, sin embargo vinieron otros negocios y diferentes compañías a hacerles ofrecimientos. Algunos de su equipo se dejaron seducir, pues en esos tiempos fueron muchas las compañías que trataron de desviarlos, que les prometieron mejores resultados y ganancias. Los que se dejaron seducir, hoy no existen en la industria; pero Eliezer y su compañero no doblaron sus brazos, siguieron creyendo en ellos, en su compañía y en los miembros del equipo.

Siempre que usted entre a una compañía, ya sea grande o pequeña, las personas van a ver su talento y en todo momento le estarán haciendo propuestas y brindándole nuevas oportunidades. Si usted cree en lo que hace nunca desistirá.

Eliezer enfatizó que muchas de esas compañías ya no existen; otras lo hacen pero no han crecido ni una cuarta parte respecto a lo que se ha incrementado su negocio. *"Yo por mi parte seguí creciendo —dice él —, pero para lograrlo me ayudaron dos cosas:*

1) La fe que tengo en mí y en la compañía; y

2) La fe que tengo en mi gente".

Un gran líder dijo: *"En primera instancia, porque creo en mí, me fijo metas y establezco responsabilidades; siempre trato de alcanzar el nivel siguiente o de lograr una nueva promoción.* La gente siempre va a hacer lo que ve que usted hace, no lo que le oiga decir. *Si quiere tener un equipo fuerte, conviértase en una persona fuerte, no tema a las metas y verá que su equipo estará dispuesto a todo."*

"En segundo lugar, trate de que su gente siempre tenga metas. Como su líder, hágales un seguimiento. En el momento en que alguien lo esté siguiendo, entenderá cuál es el rol y el liderazgo que usted desarrolla. Si alguien lo sigue es porque ya usted es un líder, porque esa persona que lo hace ve algo bueno en usted. Si menosprecia esa actitud no alcanzará las metas del equipo, pues estas no solo dependerán de ellos, sino también de su liderazgo y su disponibilidad para ayudarlo a crecer".

Más adelante continuaremos tratando sobre las metas, pero es importante que usted entienda que estas son primordiales para poder crecer en los negocios de redes.

4. SEGUIR INSTRUCCIONES

Para crecer hay que dejarse dirigir, pero para ello se requiere de un corazón humilde para aprender y así poder guiar a los que lo siguen. Esto es necesario: *"un ciego no puede guiar a otro ciego, pues ambos caerán en el hoyo".*

La manera más fácil de crecer es disponiéndose a ser como niños. No se puede crecer si no está presto a desaprender lo aprendido para volver a aprender cosas nuevas. Esto se puede ilustrar con el ejemplo de un guía turístico. Cuando una persona va a una ciudad desconocida con una compañía de turismo, esta le asigna un guía turístico. Este es el encargado de que ese visitante pueda disfrutar y conocer lo más importante de ese lugar que visita. Para que el viaje no sea infructuoso, el guía debe conocer todo lo relevante. Asimismo las personas que ingresan a un negocio deben saber que este requiere de disciplina. Por tanto, si no están dispuestos a sujetarse a esa disciplina ni a que los guíen, no alcanzarán sus objetivos. Los que no se dejan guiar son los que siempre se están quejando de que no les va bien y de que no crecen.

Siempre que alguien se deja guiar, crece, especialmente si lo está haciendo alguien que ya fue guiado, alguien que sigue instrucciones. Muchos dicen: *"Yo no le debo nada a nadie", "Yo no soy muchacho para que me digan lo que tengo que hacer",* y cosas así por el estilo. Si usted es uno de esos, vaya buscando otro planeta para crecer, ya que en este solo se crece a través del aprendizaje que lleva a una sana dirección. No se trata de dejarse manipular ni de adueñarse de las personas. Sencillamente, ese es el precio del éxito y si uno no está dispuesto a pagarlo, no cambiará.

El colmo de una persona que quiere ser un gran líder es pensar que pueda lograr algo distinto haciendo lo mismo. Ser un hombre no es patear, discutir y gritar cada vez que algo le molesta o no sale como le gusta, sino que es lidiar con la situación. Si usted es una persona rica, feliz y conforme con lo que hace, siga haciendo eso. Pero si vino o está en esta industria porque quiere una vida mejor, déjese guiar por el sistema. Sería una pérdida de tiempo y de energías tratar con una persona que no esté dispuesta a someterse para crecer.

¿Quiénes van a ser sus guías? Su líder constructor y personas del equipo. Por supuesto su líder constructor y los que los trajeron a ellos bajo la guía de los "líderes superiores de su organización". Esta es la fórmula: déjese guiar y será apto para guiar a otros. Cuando tenga una duda sobre lo que es la compañía, el programa de crecimiento, la visión, los resultados, etc., no le pregunte al mecánico del frente, ni al vecino, ni siquiera a sus padres.

Usted dirá: *"Pero mis padres me aman y yo confío en ellos. ¿Cómo no voy a preguntarles?"* Claro que lo aman y no es nuestra intención ponerlo en contra de ellos, pero sus padres no entenderán por qué usted está en la empresa, ni cuál es su visión. Ellos no la conocen. Si usted quiere crecer, debe dejarse guiar por las personas que tienen experiencia en el negocio. Si alguien recién asociado entra al negocio, es lógico que no pueda guiarlo a usted que ya tiene más tiempo de entrenamiento, por el contrario, usted es quien lo debe guiar.

Hace poco escuché la historia de un señor que entró en una red de mercadeo. Su mamá se le opuso, su papá también y la mayoría de sus amigos, pero él siguió creyendo que triunfaría. Sus cheques comenzaron a crecer, por lo que se encargó de la manutención de sus padres, les compró una casa en Miami y empezaron a vivir de una manera extraordinaria.

Los que ahora estaban llevando una vida maravillosa eran sus padres, los mismos que se opusieron a que él siguiera en el negocio, los mismos que lo criticaban y le decían que "eso no iba a funcionar". Ellos no decían eso porque estuvieran seguros de que era así, sino porque ignoraban el tema. Nadie se puede convertir en un buen guía si ignora el campo en donde se mueve.

Si alguien no conoce un camino, no puede guiarlo a usted a un destino seguro.

Pasado el tiempo, después de que ese joven les compró la casa a sus padres en la Florida, llamó a su madre para ver si ella seguía pensando lo mismo. Así que le dijo: *"Mamá, estoy pensando en dejar este negocio y ponerme a hacer otra cosa. Ya terminé la universidad y me gradué de ingeniero, por lo que no estaría mal probar suerte en mi carrera".*

"¿Por qué?", le dijo la madre sorprendida. A lo que el hijo respondió: *"Es que uno se cansa de estar siempre haciendo lo mismo".*

Ella le contestó con mucha preocupación: *"Ay, hijo, ten cuidado; tú sabes que la economía no está buena y esa ha sido la empresa que nos ha sacado del abismo económico. ¿En qué otro negocio hubieses tenido tanta oportunidad de tener dinero? Búscale el lado positivo. Es verdad que trabajas con personas y que no es fácil tratar con ellas, pero también tienes mucho tiempo para hacer lo que quieres con tu familia. Tienes dinero para viajar con ellos y sabes que gracias a ese negocio nosotros* también podemos estar tan bien. Hijo, rezo mucho por esa compañía, para que Dios la cuide, y por sus dueños también".

Mario, el hijo, la interrumpió y prosiguió: *"Pero mamá, a ti no te gustaba que yo trabajara en esto. Siempre deseaste que desarrollara mi carrera universitaria"*. La madre le respondió: *"Sí, hijo, pero a la vida hay que tomarla como venga. Además, cuántos profesionales hay por ahí que no ganan ni un cuarto de lo que tú recibes. Recuerda que un hombre exitoso no se mide por los retos que enfrenta, sino por la manera en que los enfrenta, y tú tienes esa capacidad. Yo confío en ti. Eres un hombre exitoso, no de los que vuelven atrás"*.

El hijo se despidió de su madre y, con una sonrisa en los labios, dio un suspiro de satisfacción. Ahora sabía que su madre nunca había estado en contra de que él trabajara en su negocio, solo desconocía el tema. **El asunto es que las personas le temen a lo desconocido.**

Las personas que no están en el negocio le van a hablar de lo que conocen y de sus experiencias pasadas; las experiencias y la guía del que no está, del que tiene una mala opinión, del que fracasó, del que se queja todo el tiempo. La persona digna de seguir es la que está con la vista puesta en el blanco, el que quiere un crecimiento para él y para usted. El negocio está diseñado para que todos crezcan juntos. No se puede crecer solo, no hay llanero solitario, pues hasta este llevaba consigo a un compañero fiel.

Esta es la razón por la que una vez que usted entra en el negocio, tiene una nueva familia, una nueva educación y nuevos padres; eso no significa que odies a los tuyos y a los demás, sino que en cuanto al crecimiento del negocio, debes seguir el consejo de los líderes de tu equipo".

5. CREER ARDIENTEMENTE EN LO QUE HACES.

En un evento con unos líderes, escuché a unos de ellos decir: *"Yo les hablo a las personas acerca del negocio, pero no me creen. No pueden entender que en un país pobre, yo esté ganando tanto dinero y haya levantado un negocio como el que he construido. La mayoría de la gente nunca cree nada. Cuando comencé no me creían porque no tenía nada que mostrarles, y ahora no me creen porque se ve como algo muy bueno para que alguien logre vivir tan bien, trabajando con un sistema tan sencillo. A simple vista, la gente ve nuestro negocio como una venta de productos y artículos. Pero a menos que no entren en él no podrán ver más".* La fe va en aumento a medida que se va avanzando en lo que se hace; es necesario que usted anule sus dudas y aprenda que en el proceso irá viendo todo lo que sus líderes le han dicho que usted va a tener.

6. SEA UNA PERSONA COMPROMETIDA

Cuando hablo de una persona comprometida, me refiero a alguien que no tiene miedo a las responsabilidades. Siempre hay personas que están dispuestas a seguir una disciplina, pero pocas veces se comprometen a seguirla. ¿Por qué hay tantas personas a quienes no les gustan los compromisos? Porque **los compromisos son para hombres libres, y no toda persona es libre.**

Aunque vivimos en un mundo donde se habla de derechos y libertades, muchas personas siguen viviendo en una profunda esclavitud —una esclavitud mental—, y con una gran falta de convicción. No les gustan los compromisos porque temen fallar y exponerse a la vergüenza de responder por esas caídas. Sin embargo, una persona que no sea comprometida no puede ser exitosa, aunque tenga la mejor oportunidad del mundo.

Las personas comprometidas se fijan metas y se comprometen a alcanzarlas; hablan de ellas en público para que sus compromisos no solo sean consigo y su familia, sino también con los que los rodean. Van aumentando sus blancos a medida que se van afianzando en lo que ya han logrado. Recuerde que la mente le va a decir que "no es posible", pero usted no está para escuchar a su mente, sino para escuchar a su corazón (hablo de cualidades de la mente manejadas por la razón). Recuerde que el trabajo de la mente es mantenerlo seguro y que esta se incomoda cada vez que usted se fija un nuevo reto.

Cada vez que usted se fije una meta van a surgir las concesiones, los razonamientos negativos y los temores. Los nuevos asociados son nuevos compromisos y éstos lo sacarán de su zona cómoda, para empujarlo a ese mundo de compromisos. Si usted está muy cómodo con su situación es porque no está creciendo y no se está comprometiendo. El crecimiento es incómodo y requiere de personas comprometidas y capaces de cruzar los límites del confort y entrar en un mundo de compromisos, metas, retos y resultados.

Comprométase con su familia, sus líderes, su organización. En las reuniones y con los nuevos auspiciados, dé un paso al frente siempre que se lo pidan, vaya dos millas cuando le digan que camine una, levante sus dos manos cuando lo desafíen a un nuevo reto. Si no se compromete a crecer, menguará; si no se compromete en todo lo que concierne a su visión y a su negocio, desaparecerá y muy pronto estará en el grupo de los conformistas, de los criticones, de los que solo ven defectos, de los que ya no sueñan, de los que no se mueven, de los que viven opinando y poniendo trabas a todo lo que tiene que ver con el crecimiento y el avance. He visto muchas personas así en todos lados.

Carmen, la esposa de un gran líder que conozco, comenta sobre él: *"Siempre creí que mi esposo lo iba a lograr. Él es un hombre de sueños y dispuesto a morir por los mismos"*. Eso es compromiso, decir: *"Yo voy, yo estoy, yo soy, yo estaré allí, cuenten conmigo, esta es mi meta y cuando llegue el día de rendir cuentas habré cumplido con la misma"*.

Hay una historia en la Biblia que tiene mucho que ver con el asunto de las metas y de rendir cuentas. Es la historia de unos hombres a los cuales su señor les entregó unos talentos. Al primero le dio cinco, al segundo dos y al tercero uno. El que recibió cinco se comprometió y ganó cinco más; lo mismo hizo el que recibió dos, lo multiplicó y obtuvo otros dos; pero el que recibió uno solo, lo escondió y no hizo nada con él.

Cuando su amo vino a sacar cuentas con ellos, los que habían hecho bien su trabajo presentaron sus ganancias. Su amo, feliz por el trabajo que sus criados habían hecho, les dejó el capital primario más la ganancia para que siguieran multiplicándolo. De modo que ahora el que recibió cinco, tenía diez, y el que recibió dos tenía cuatro. Sus posibilidades habían aumentado y sus riquezas también.

Pero el que recibió un talento y no hizo nada con él, también tuvo que rendir cuentas; sin embargo, en vez de hacerlo con una actitud de arrepentimiento y disculpándose por lo que hizo, respondió como todos aquellos que no se comprometen, que se quejan por todo y culpan a los demás por su falta. No se le ocurrió decir algo como: *"Señor, perdóneme por mis fracasos, por favor, deme una nueva oportunidad, sé que me descuidé y no aprecié lo que puso en mis manos. Pensé que no era posible, pero estos otros siervos suyos me han enseñado que sí se puede y que yo estaba equivocado"*.

Eso hubiera sido suficiente para que su amo le diera otra oportunidad y este siervo se uniera de nuevo al equipo de los triunfadores; pero en vez de eso se quejó de su amo, le dijo que era un hombre injusto que cosechaba donde no sembraba, que era duro de corazón, ladrón, miserable y oportunista.

El amo, sin embargo, no se dejó impresionar con sus quejas ni con sus palabras venenosas. Lo miró y le dijo: *"Si sabías que yo era todo eso, debiste tener temor de mí, tomar lo que te di y darlo a los banqueros, ellos lo hubieran multiplicado y hoy me habrían devuelto mis talentos con sus ganancias"*, y continuó: *"siervo malo y negligente, tomaré tu talento y lo daré al que más tiene"*. Entonces el talento del siervo que tenía uno le fue pasado al que tenía diez.

De esta historia aprendemos dos cosas muy importantes para el crecimiento:

a) **Sus quejas no resuelven ni cubren su falta de compromiso,** ni sus malos resultados; si no se compromete con el negocio, no crecerá, ni tampoco podrá multiplicar lo que se haya puesto a su cuidado.

b) Las personas que no se comprometen, y que por la misma razón no avanzan, lo poco que tienen lo perderán; desaparecerán del negocio, no porque no pudieron hacerlo ni porque les faltaron talentos o habilidades, sino porque **les faltó compromisos** y decidieron criticar, culpar a otros y ver como culpables a la compañía y a su equipo, en vez de hacerse responsables y hacer lo correcto.

Un amigo llamado Pablo dijo una vez: *"He visto a tantas personas a punto de hacerse grandes líderes y no lo han logrado, no porque carecieran de talentos, ni de entusiasmo, sino porque en un momento dejaron de comprometerse con su organización y con su líder, y comenzaron a criticar y a buscar defectos. Luego se apartaron y murieron.* Nadie permanece en este negocio aislado, el complejo de isla hay que dejarlo con su orgullo." La mejor manera de constituir un negocio exitoso es dando los pasos que han seguido los hombres triunfantes de su organización y siguiendo los principios establecidos por sus líderes.

La educación a la cual me refiero es la educación de su carácter.

7. EDUCARSE PARA LA LIBERTAD ECONÓMICA.

Cuando hablamos de educación, entendemos que toda ella es importante pero, para usted que comenzó este nuevo negocio, es imprescindible que usted sepa que la educación es efectiva cuando se pone en práctica y está alineada con su visión y su trabajo. Un ejemplo es que nadie crece en la mecánica por saber cómo se llega a la luna. Lo mismo sucede en la red: nadie crece por haber ido a la universidad o por tener un doctorado. Esto no deja de ser importante, mas no es un requisito en esta industria.

La educación a la cual me refiero es la educación de su carácter, la que le va a servir para elevar su autoestima y su nivel de liderazgo. En la industria hay materiales para esa educación y se siguen produciendo otros. También en su organización se hacen seminarios, talleres y fines de semana empresariales, con la finalidad de educarlo, motivarlo y darle herramientas para su crecimiento. Sus líderes están comprometidos a poner en sus manos discos compactos, videos, libros y otros materiales que lo impulsarán hacia sus metas.

III

SIGA EL MODELO

"Donde escasea el modelo, la actitud correcta es confusa".

—Anónimo

La palabra modelo viene del vocablo "modelar" y tiene que ver con "mostrar lo que debe usarse o seguir para alcanzar el éxito que se busca". ¿Por qué es importante seguir un sistema modelo? Porque esto da constancia y hace que el crecimiento sea más fácil, duplicable y rápido; las personas no tienen problema con montarse en un tren siempre y cuando sepan para dónde va. Los cambios son buenos, pero cuando no son asimilados producen desesperación y confusión. Por eso es que cada compañía exitosa ha desarrollado un modelo a seguir, **un sistema simple, duplicable y cómodo** para todo. Que sus seguidores puedan crecer como un bebé desde el principio, desde lo más básico, creando estabilidad y crecimiento. **El compromiso y la continuidad crean estabilidad emocional.** Por lo tanto, es necesario que las personas entren al negocio sabiendo que son individuos de éxito y no seres comunes, pero que también puedan sentirse cómodos sabiendo que hay un sistema a seguir y que tienen líderes que les pueden moldear ese crecimiento.

COSAS SENCILLAS PERO PODEROSAS

Los grandes líderes son aquellos que no complican sus vidas. Esa es la razón por la que este negocio y los métodos de crecimiento enseñados son tan sencillos. Un día, hablando con Pedro, un gran líder el cual había desarrollado una gran organización, le dije: *"Tú hablas de esto con mucha propiedad; para ti es como si todo fuera posible, como si todo el mundo debiera estar en el negocio"*; a lo que sonrió y me dijo: *"Esto es sencillo, no se requiere ser un genio para hacerlo. Es tan simple que mucho después que ya están con nosotros, no le dan el valor necesario a los métodos de crecimiento que tenemos, creen que ya lo saben todo. En este negocio no pretendemos hacer algo difícil y complicado. Para mí es como salir a divertirme"*.

Atender las llamadas del liderazgo, asistir a las reuniones semanales aun cuando no tengamos a nadie nuevo a quien llevar, escuchar el plan una y otra vez, son las pequeñas cosas que terminarán cambiando su futuro. Este negocio no es para personas emocionales, sino para personas comprometidas, y el comprometido no hace las cosas cuando se siente bien, sino cuando sabe que es necesario hacerlo.

Es por eso que hay que seguir el ciclo de las reuniones semanales, de las llamadas y de los entrenamientos.

El éxito tiene mucho que ver con repetir una y otra vez lo que da resultado hasta obtener lo que se quiere. Es por eso que hay que seguir el ciclo de las reuniones semanales, de las llamadas y de los entrenamientos.

Marcos tiene veintitrés años en un negocio de red y nunca se ha cansado de lo sencillo del mismo, de lo básico; él dice: *"Todavía me gozo con lo básico y me emociono en las reuniones semanales, esto es parte de mi vida"*. El poder de mantenerse motivado con las cosas sistemáticas del negocio es un punto muy importante.

Todos los líderes que han tenido éxito se cuidan de no caer en la rutina. Muchos confunden rutina con seguir el modelo que da resultados, como las reuniones, las llamadas telefónicas, repetir el plan, los consejos del líder, etc. Caer en la rutina es no disfrutar lo simple del proceso, hacerlo sin entendimiento del mismo, o porque me siento obligado con alguien. Muchas veces vamos a la reunión sin ningún tipo de motivación, como si no tuviéramos nada que aprender pero, aún peor, algunos ni siquiera van porque creen que son innecesarias y ya no tienen nada que hacer allí.

Los que ven las reuniones como innecesarias, morirán pronto y con ellos sus sueños de tener un negocio próspero y ser independientes.

ESCRIBA UNA LISTA DE SUS AMIGOS

Si quiere tener éxito en el negocio de red, comience con el mundo conocido. El método científico habla de ir de lo conocido a lo desconocido. De lo inductivo a lo deductivo. De la hipótesis a la tesis. De la teoría al laboratorio. Estos principios nos dejan ver que esa es la manera como hemos llegado a todas las cosas que han sido comprobadas o creadas. No puede ser diferente con el negocio de las redes. Haga una lista de todas las personas conocidas. Estas le servirán como futuros clientes, socios y también como la puerta que le va a llevar a un mundo desconocido a través de los referidos.

Siguiendo este método, su negocio no parará de crecer. La lista de sus conocidos debe incluirlos a todos sin excepción, ya que es posible que la persona que vaya a hacer el negocio en grande sea uno de sus amigos, por lo que debe ser puesto en esa lista.

CONSIGA REFERIDOS SIEMPRE

Cuando vaya con sus amigos recuerde que ellos tienen amistades que usted no conoce. Las personas conocen personas similares a ellas. Esta declaración podría quitarle el deseo de sacarle referidos a alguien que le diga que no le interesa el negocio; pero lo bueno de los negocios de redes es que son tan completos, tan fáciles de hacer, que cualquiera que desee puede alcanzar el éxito.

Adriano García siempre dice: *"Ni siquiera tiene que tener mucho tiempo para hacer el negocio, solamente tiene que desear hacerlo. A través de los referidos le podemos ayudar en sus inicios hasta que aprenda a hacer lo mismo con otros. Esta es la verdad: esta línea de negocio se basa en los referidos, y en dedicarle dos horas al campo de trabajo por lo menos cinco días a la semana".*

Si usted tiene diez amigos que conocen a diez más, en total tendrá cien personas; si se sigue el mismo método, pronto esos cien se convertirán en mil. El peligro de los referidos es cuando la falta de constancia y el temor no le permite trabajar con ellos. Los referidos son como una cadena en la que cada uno de ellos son eslabones; el peligro de una cadena son los eslabones débiles; un eslabón débil puede romper la cadena. La mayoría de las personas desconocen este poder. Por eso, cuando el prospecto le da los nuevos referidos los esconden en el portafolios, o simplemente cuando alguien le dice que no o le pone una objeción, no persisten. Este eslabón débil le quita el poder de hacer una organización.

VENTAJAS DEL NEGOCIO

Hay personas que han entrado a los negocios de redes calificados y no han ganado el dinero que buscaban; eso se debe a dos cosas importantes:

1) Entran creyendo que el dinero les va a bajar del cielo. Esas personas piensan que dado que el negocio es bueno y rentable económicamente, se van a hacer ricos, pero nadie tiene cosas buenas por estar en un lugar bueno; las cosas buenas hay que crearlas.

2) Desconocen los beneficios de este tipo de negocio. Las personas que entran al negocio no solo tienen ventajas financieras, también adquieren una educación basada en valores. Esta es una escuela práctica que no solamente lo está preparando para que sea una persona próspera dentro del negocio, sino también para que sea emocionalmente fuerte.

¿Cuántas personas han sobresalido en este negocio, a pesar de sus complejos, su falta de valor, sus temores? ¿Cuántos han comenzado después de incursionar en una red a ver la vida desde una perspectiva positiva? ¿Cuántas personas deprimidas han encontrado el poder de soñar, de ser felices, de ser agradecidos con la vida? Hemos visto en este tipo de negocio a personas sanar de enfermedades físicas y psicosomáticas. No es un hospital, no es una iglesia, ni un centro de rehabilitación, ni siquiera es una escuela o una universidad; pero se motiva a las personas a crecer en los valores, en la fe, en Dios, en el amor, en la integridad, en la honestidad y en todo aquello que pueda mejorar la condición de ser humano.

Más que un negocio, este es un centro de entrenamiento donde las personas aprenden cómo ser mejores. Eso tiene mucho valor. En una reunión de liderazgo oí a uno de los presentes decir: *"Muchas personas me preguntan por qué estoy aquí. La verdad es que no es por el dinero, aunque me ha ido muy bien económicamente. Estoy aquí porque se promueven valores y se le da esperanza a la gente. Este negocio no solo es un centro de enriquecimiento, también es un lugar en el que se promueve la esperanza. Creo que a través de este negocio estoy haciendo un mundo mejor, lo cual es nuestra misión. El modelo es el servicio".*

LOS PEQUEÑOS SACRIFICIOS

Las personas extraordinarias son aquellas que hacen lo que las ordinarias no hacen. La palabra extraordinario es un vocablo compuesto por el término **extra** y la expresión **ordinario**. Las personas ordinarias son individuos comunes. ¿Qué es una persona común? Es una persona mediocre. La palabra mediocre también es una expresión compuesta. Viene del vocablo **medio** y el término **creer**. Una persona mediocre es alguien que no cree completamente, que tiene una fe débil. Las cosas no le salen bien porque su fe no es completa.

Como no es una persona que cree, hace todo sin deseo, sin motivación y hace lo menos que puede. Pero no se llega lejos haciendo el menor esfuerzo. Observe a una persona que coma lo menos posible, que haga pocos ejercicios, que se bañe lo menos posible y verá que vivirá "lo menos posible". La pregunta es: ¿Cómo es que algunos quieren crecer en los negocios de red haciendo el menor esfuerzo? Eso no es posible. Hay que dedicar algo extra.

Si ha entrado al negocio y tiene un trabajo de tiempo completo, dedique dos horas después de su horario de trabajo para hacer algo productivo en su red, ya sea visitar a alguien y presentarle el plan, hacer abordaje en el supermercado o en la plaza para conseguir nuevos referidos, hacer llamadas para obtener citas, ir a la reunión semanal, etc. Son pequeñas tareas, pero que implican un gran sacrificio y requieren de una mente extraordinaria, de una persona con un verdadero sueño. Una persona que hace estas cosas es, sencillamente, extraordinaria.

Muchos se quedan en la casa viendo las noticias, hundidos en el sillón leyendo el periódico, viendo una novela, mirando los deportes o simplemente pasando el rato con los amigos. Este negocio es para personas que sueñan, pero que también están dispuestas a pagar el precio de sus sueños.

Juan, un distinguido líder de esta industria, afirma: *"Aún hoy mi esposa y yo salimos a presentar el plan del negocio. Es increíble la cantidad de personas con las que conversamos, las cuales tienen tantas necesidades y están tan cansadas de trabajar duro. Sin embargo, cuando les presentamos el programa que a nosotros nos cambió la vida y nos ha hecho tener la vida que disfrutamos, creen que es demasiado sacrificio. Ellos han trabajado toda su vida, hasta doce horas diarias por el sueño de otros, pero no están dispuestos a hacerlo por su propio sueño. Este negocio es para los que están dispuestos a trabajar duro una vez, para disfrutar siempre".*

HAGA SU ORGANIZACIÓN.

Hacer una organización deber ser el objetivo de todo el que entre al negocio de las redes. Claro, para ello hay que enfocarse en la importancia de tenerla. Hacer una organización no es tan fácil, porque se requiere unir personas con un solo propósito. De eso hablaremos en otro capítulo más adelante. Lo que quiero ahora es decirle que hacer una agrupación es parte del modelo de este negocio. Muchas personas lo entienden mal y creen que tener habilidades para la venta es suficiente para ejecutarlo, pero el negocio de las redes consiste en mucho más que ventas. Aunque existe el producto para la expansión, el concepto y el enfoque debe ser asociar personas para que cada una de ellas se convierta en representante del negocio, a la vez que este se convierte en consumidor del producto.

TODAS LAS PERSONAS SON CONSUMIDORAS.

Consumen en su casa, en el trabajo y dondequiera que estén. Si analiza bien todos los productos, ha de ver que son de consumo general. Todos los hogares necesitan bienes de consumo, la diferencia es si usted quiere ser un comprador constante sin beneficios o uno con beneficios. El concepto es buscar personas que consuman el producto y que a la vez asocien a otros individuos para que hagan lo mismo. Así se va haciendo una organización con la cual podrá ganar miles de dólares al año.

Estas sumas de dinero son extraordinarias y hay quienes ni siquiera han pensado que la pueden alcanzar, pero es verdad y muchos de esos informes son públicos.

LA ORGANIZACIÓN REQUIERE COLABORACIÓN.

El poder de hacer una organización es lograr la colaboración de otros; es la forma por la cual una persona puede encontrar su libertad financiera. Agrupar personas y hacerlas trabajar para un bien común no es la tarea más fácil. Se requiere de varios intentos, de probar una y otra vez hasta lograrlo. Pedro afirma que las primeras cincuenta y cuatro personas a las cuales les habló del negocio, le dijeron que no. En la presentación del plan número 55 consiguió a las primeras personas que creyeron en él. Hoy esta pareja de socios le sirven a este líder como gran apoyo en su negocio. Hoy en día esta es la línea descendente más fuerte de su organización. Ejemplos como este o parecidos, hay en abundancia. Y pensar que hay quienes se decepcionan solo porque después de auspiciarlos y encontrarse con sus amigos o familiares les preguntan qué creían de la compañía, y estos les dieron alguna opinión negativa.

Pedro no se desanimó, él sabía cuál era el precio de convertirse en un hombre de negocios, el precio de construir una organización. Lo único que tenía era fe en que lo iba a lograr y no había manera de que alguien lo decepcionara.

La esposa de un empresario exitoso me expresó: *"Estamos muy contentos porque ahora estamos todos juntos. Mi esposo no tenía nada cuando me casé con él, pero poseía algo de lo que yo estaba segura: un mundo de sueños por realizar, enormes sueños, acompañados de una firme y férrea voluntad. Yo sabía que él sería exitoso en todo lo que se propusiera. Muchos de sus seres queridos tratamos de robarle sus sueños, incluyéndome a mí; pero le agradezco a Dios que él no nos escuchó. Si lo hubiese hecho, hoy no tendríamos la calidad de vida que disfrutamos. Me siento muy orgullosa de haber aceptado a mi esposo, (primero como mi prometido y luego como esposo). Es un hombre entusiasta, salido del barro, puesto en las manos del mejor alfarero. Es un hombre nacido para el éxito, con una extrema visión de futuro, dispuesto a servir a los demás para que como él puedan realizar sus sueños. Él cree hasta en los que no creen que pueden; es un ser desprendido, se brinda por entero y siempre procura dar lo mejor de sí, dados sus nobles principios y valores humanos y sociales que le acompañan desde siempre".*

Esta es la única forma de hacer una gran organización. Cuando se quiere ayudar a los demás para que alcancen sus sueños, mientras se alcanzan los propios. Este tipo de personas no se rinden ante los pesimistas, porque lo que buscan son personas positivas, optimistas. Las personas exitosas no se desaniman por mucho tiempo, ellos no se enfocan en el desánimo. Conocen el principio que afirma que "las personas son lo que enfocan" y que "el enfoque le da fuerza a lo que se desea". Si buscan un sí, eso encontrarán; ese es el poder de la fe. Usted encuentra lo que busca. La Biblia dice: *"Buscad y hallaréis, llamad y os responderán, tocad y se os abrirá"*. La ley es simple: si quiere tener una gran organización debe comenzar a hacerla. No se enfoque en los "no" y busque a alguien que le diga que "sí". Recuerde que nunca estarán todos de acuerdo con usted, pero no deje que eso le afecte y lo detenga en su camino.

DISCIPLINA DIARIA.

Una de las cuatro D para lograr un cambio es la disciplina. La disciplina es hacer algo porque se sabe que debe hacerse, aun cuando nadie lo vea ni le diga lo que tiene que hacer. Es saber cuál es su deber y cumplir con él. Es tener perseverancia en las cosas, es repetirlas todos los días.

Debemos tener la disciplina de leer, de informarnos, de llamar a la gente todos los días.

El líder sabe que tiene un núcleo especial que consiste en sus socios claves en el negocio y a estos les dedica la mayor parte de su tiempo.

Los líderes de éxito dedican el 80% de su tiempo a las personas más productivas. A cualquier hora del día, el líder debe constatar que los que integran su núcleo de negocios estén motivados, y debe ayudarlos a que hagan lo mismo con su núcleo más cercano. Eso hará que todos tengan una organización fuerte. Pero esto requiere personas fuertes. Este modelo ha funcionado en todas las disciplinas.

Las congregaciones construyen mega-iglesias basadas en pequeños grupos que semana tras semana se reúnen en las casas. Eso hace que las personas siempre estén atendidas y que crezcan saludables. En una congregación superior a mil feligreses o asistentes, las personas ya no se conocen. Sin embargo, con el modelo de los pequeños grupos se han establecido iglesias muy grandes. Tengo la historia de una de ellas que llegó hasta un millón de personas y siguió siendo saludable.

> *Los líderes de éxito dedican el 80% de su tiempo a las personas más productivas.*

Todo líder que quiere tener una organización fuerte debe contar con un grupo pequeño, el cual forma su núcleo de negocios. Si sus integrantes hacen lo mismo, seguirán creciendo hasta tener un negocio extraordinario, pero para lograr eso se necesita disciplina. Todos los días, tres o cuatro veces a la semana, el líder debe sostener una conversación con sus seguidores más cercanos, acerca del crecimiento; debe darles el empuje, la educación, el propósito y sobre todo debe hablar de la visión, de los objetivos y los logros.

Otra cosa que debemos hacer con disciplina es leer. Leer textos que nos edifiquen. Leer libros, revistas y artículos sobre el negocio y con relación al mismo para que nos ayuden a avanzar en lo que queremos lograr. Mientras otros ven la televisión, usted puede estar leyendo; mientras otros están perdiendo el tiempo en cosas triviales, usted estará nutriendo su mente; eso requiere de una férrea fuerza de voluntad y una gran disciplina.

Se necesita también de una gran disciplina para escuchar los discos compactos de enseñanza o motivación mientras se encuentre en lo que se llama "tiempo muerto", que es el tiempo mientras usted guía su automóvil, lava los platos o trabaja en su oficina o en cualquier otro lugar. La mayoría de las personas usan ese tiempo para escuchar música, para hablar por el teléfono móvil o para escuchar su show favorito en la radio. No sucede lo mismo con el hombre y la mujer que entienden que su éxito no solo depende de que exista un programa de crecimiento, sino de saber utilizarlo adecuadamente.

Disciplina es hacer lo que tiene que hacer, y no lo que tiene ganas de hacer.

Suelo llevar conmigo varios discos de liderazgo, motivación y transformación mientras viajo. Ahora bien, no son una ni dos las veces que quiero escuchar algún show. En particular me encanta la radio y siempre me he mantenido haciendo algún programa de radio o de televisión. De por sí me agradan los programas radiales y televisivos, pero a veces paso más de un año sin escucharlos. La razón es porque vivo muy ocupado y necesito usar cada momento de mi vida para nutrirme en todo lo que hago y aun así siento que el tiempo no me alcanza. Es imposible que un líder pueda avanzar en el liderazgo si no se disciplina. Disciplina es hacer lo que tiene que hacer, y no lo que tiene ganas de hacer.

Concluyo este capítulo informándole que hay un modelo de negocios, que hay un sistema, una estructura en la organización a la que pertenece, por lo que usted no está solo y no tiene nada que temer cuando ingresa a la industria. Los líderes se comprometerán con usted y siempre que usted dé un paso ellos también lo harán, hasta verlo lograr lo que tanto desea. Pero no podrán ayudarlo a menos que usted no se comprometa a seguir el modelo que ellos conocen y que han comprobado que funciona. Los negocios no son un invento, no son un cuento, son una realidad la cual también puede llegar a ser la suya.

IV

EL NEGOCIO DE REDES

"En el nuevo juego de los negocios, los ganadores no son los mejores, sino los que dominan el juego."

—Roberto Serra

El mundo está formado por comunidades, las cuales han dado paso a grandes ciudades. Estas a su vez conforman las naciones. Por otro lado, los países se han agrupado para soportar los grandes desafíos que enfrentan. Los recursos se hacen cada vez más limitados, la explosión demográfica aumenta y los trabajos escasean. Ese es el escenario perfecto para el establecimiento del fenómeno que hoy conocemos como la globalización.

Por otra parte, cuando hablamos de redes nos referimos al arte de la asociación de entes que forman un entretejido como el de una red. De esto hablaremos más adelante. Grandes figuras empresariales, como Robert Kiyosaki y Donald Trump, han dicho que los negocios de redes constituyen la mejor oportunidad en este siglo.

Es más, entre las empresas que integran el mundo de los negocios de redes están las del bienestar humano, las que tienen que ver con la salud y la comunicación, entre otras cosas. Eso merece ser analizado. Claro, si es que usted es de esas personas que buscan el crecimiento económico.

Ahora bien, hay una clase de gente muy pudiente —los llamados *baby boomers*, nacidos después de la Segunda Guerra Mundial—.Ellos han sido una generación con mucha fama en cuanto a su estilo de vida, pero ya están en su ocaso, en su postrimería existencial. Y como son un tipo de personas que tienen buenos medios económicos, les encanta vivir bien. Por tanto, son candidatos potenciales a consumir productos que mejoren su salud y que les brinden mayor confort.

Sin embargo, cada generación es mejor que la anterior, puesto que los hijos superan a los padres. Y, por supuesto, se espera que los hijos alcancen más cosas que los padres; lo cual es una alegría legítima para estos. Mis padres, por ejemplo, nacieron en un campo y eran agricultores en la República Dominicana. Un día, mi papá vendió todo lo que tenía, se fue a la ciudad y preparó el camino para que nosotros no fuéramos agricultores también.

Aspiraba que sus hijos pudiéramos estudiar y aprender para tener mejores facilidades de vida. Hoy vivo en Nueva York y mis hijos son estadounidenses, estudian en escuelas norteamericanas, pueden dominar otra cultura y otro mundo. Yo, sin embargo, tengo mis limitaciones en cuanto a eso, pero me alegra en gran manera que ellos mejoren su calidad de vida. Es más, espero que mis hijos me superen en todo. Eso no va a ser una deshonra para mí; al contrario, es una honra.

Mis padres se sienten igualmente honrados de que hoy yo sea un camino para que ellos gocen de una vida mejor. Ellos hicieron lo que pudieron y se los agradezco. Ahora yo debo hacerlo mejor y mis hijos me lo agradecerán, aunque no lo hago por eso. Con todo eso lo que quiero es que usted aprenda que, cuando toma una decisión buena, no está sembrando solamente en función de usted, sino de las generaciones que vienen. Es muy probable que ellos sean mucho más beneficiados que usted mismo, porque muchas de las cosas que desea hacer y ver, ni el tiempo ni las circunstancias le permitirán concretarlas, pero sus descendientes sí las han de ver, y eso es lo importante.

LOS NEGOCIOS DE REDES OFRECEN UN FUTURO MEJOR

Las personas se preocupan mucho por el futuro y eso es válido, siempre y cuando se haga de manera saludable y bajo un grado natural de fe y confianza. Todos nos preocupamos por cómo vamos a vivir, si hemos de tener casa propia para nuestros hijos; nos preocupamos por la cantidad de recursos que vamos a necesitar y a recibir el día que ya no nos queden fuerzas para trabajar, etc. Esas preocupaciones se convierten en una fuerza muy poderosa para avanzar y para lanzarnos ante nuevos retos. Una de las grandes bendiciones que ofrecen los negocios de redes es que usted puede contar con los resultados que brindan en la vejez y aun sus hijos pueden salir beneficiados. Estas compañías están diseñadas para hacer que las personas construyan un negocio con bajos recursos. **Es como sembrar un árbol. Lo siembra, lo cuida y se cosecha el resultado, los frutos.**

Uno de los grandes desafíos que enfrenta esta generación es aprender a esperar. Tenemos que aprender a cruzar el proceso de la vida, ya que esta se mantiene en constante desarrollo y evolución. No creo en la teoría de la evolución ni en nada que niegue la existencia de Dios como Creador; pero concuerdo en eso de que las cosas fueron hechas para que evolucionaran, porque nada fue hecho terminado. Todo fue hecho para que sufriera transformaciones, para evolucionar, para que se desarrolle y crezca.

Dios pudo darle al hombre un mundo con rascacielos, sistemas de comunicaciones y todo eso listo. Pero solo lo hizo con los recursos necesarios para que pasara por el proceso de la transformación, bajo la dirección del ser humano y que éste viera la evolución de todas esas cosas. Ahora bien, las redes no se construyen en un día y eso desespera a algunos que creen que las cosas van a caer del cielo.

Crecen poco a poco, como el niño que nace, la planta que se siembra, el estudiante que se matricula en la escuela, etc. Hay un proceso lógico que debe cumplirse.

LO QUE ES IMPORTANTE SABER.

Cuando alguien se va a dedicar a un negocio de redes, tiene que considerar que los hay muchos y muy variados. Todos los que son calificados ofrecen una oportunidad de desarrollo ilimitada y eso es muy importante, pero es muy relevante que antes de que empiece su negocio, se detenga y piense claramente cuál es el que se adapta mejor a su personalidad. He visto gente que hace negocios y no logra arrancar en años pero, como persiste, se han convertido en personas exitosas.

También he visto a los que han cambiado de compañía y al hacerlo, se han convertido en personas exitosas. **El único problema es que muchos piensan que la clave fue el cambio de empresa, lo cual no es cierto.**

La clave es que el negocio sea el más adecuado a su personalidad. ¿Qué estoy diciendo? Que hay cosas que nos gustan más que otras. Eso no tiene nada de malo. Cuando el sistema y el producto de una compañía no se ajustan a mi personalidad, es decir, a mi ética, mi estilo de vida o a lo que en realidad deseo hacer, se me hará muy difícil alcanzar el éxito de esa manera.

La clave para crecer en un trabajo es que la persona se sienta cómoda, que esté segura de que está en lo que realmente desea. ¿Por qué? Porque hay muchas empresas, pero un solo "usted". El fracaso no se lo causa la compañía en la que sirve o trabaja, el fracaso lo ocasiona la persona, ya que todas las compañías de redes legítimas están hechas para que las personas triunfen. Es más, ellos no ganan nada haciendo que las personas fracasen.

Lo otro muy importante es que si tiene dudas, si no está seguro de que está en el lugar correcto y haciendo lo correcto, cuando vea otras ofertas se va a dejar confundir, va a dejar lo que está haciendo y no logrará el éxito que tanto desea. Muchas personas han perdido la credibilidad en este tipo de negocios porque cada vez que ven algo nuevo se van tras ello, y eso hace que anden de una compañía en otra. Con esa actitud lo único que hacen es perder la credibilidad, la fe y las fuerzas. Este principio se adapta a cualquier persona, a cualquier carrera, a cualquier oficio, a todo.

Cuando estaba en la escuela, el profesor del primero y el segundo grados con el que aprendí mi primera filosofía en cuanto a la vida, me decía: *"Una gotera que siempre golpea el mismo lugar, puede hacer un hoyo, aunque el blanco sea una piedra"*. Un día, el profesor me llevó a una de las aulas de clase, me mostró cómo unas pequeñas hormigas habían hecho un orificio en el piso de concreto. Él señaló el orificio y me dijo: *"Wilson, este es el poder de la persistencia"*.

La lección que aprendí fue que ni el tamaño de la meta, ni el tamaño de las cualidades de la persona importan cuando hay determinación y persistencia en la persecución de esa meta. La persistencia en el objetivo es lo que hace la diferencia. Este cambia tu futuro y tus logros.

LA ASOCIACIÓN ES UN PODER CON EL QUE SE LOGRA LO IMPOSIBLE

El poder de asociarse es un arte, no es fácil hacerlo, pero el que lo logra tiene la llave y el secreto de la prosperidad. En la Biblia encontramos mucho al respecto. Jesús dijo: *"si dos de ustedes en la tierra se ponen de acuerdo sobre cualquier cosa que pidan, les será concedida".*

La asociación, para bien o para mal produce resultados, es una ley. Cuando dos personas se unen y ponen sus corazones en un propósito, nadie los podrá parar, van a lograrlo todo.

El poder de los negocios de redes yace en el hecho de asociar personas para que se unan con un propósito. El negocio no
se hace solo. Uno debe conocer el poder de la asociación y eso
se lo enseña la empresa en la que esté, allí lo animan a buscar a
otros. Este principio fue el mismo que usó Jesús. La Biblia afirma
que él escogió a doce, los envió de dos en dos y llegaron a ser
setenta. Esto deja bien claro que los doce se asociaron en parejas
y que cada pareja eligió a doce más. Eso provocó un resultado sin
precedentes. La asociación tiene el poder de lograr lo imposible.

¿Cómo lo hace? Lo expondré en breve.

LA ASOCIACIÓN VENCE EL TIEMPO

Las personas tenemos fuerza y vida limitadas. Podemos hacer
muchos planes pero, a menos que no aprendamos a multipli-
carnos, estos se convertirán en nuestros enemigos. Lo normal es
que un hombre trabaje ocho horas, duerma otras ocho y utilice las
demás para comer, bañarse, socializar, etc. Si una persona quiere
romper ese ciclo porque necesita rendir más, es muy probable
que termine enferma o muy cansada y, lo peor, abandonando sus
metas y objetivos.

El éxito en la vida no es para las personas que más trabajan,
sino para aquellas que tienen y aprenden el arte de asociarse. Este
es un arte cuando se trata de seres humanos. De hecho, somos
los únicos que poseemos este poder y los que podemos obtener
más beneficios, aunque somos los que menos lo usamos. Cuando
aprendamos a asociar personas en pro de un bien común, sa-
bremos que la energía se conserva y el trabajo rinde.

Por más "Superman" que nos creamos, no podemos hacer
en ocho horas lo que harían seis personas. Si queremos rendir sin
límites, lo único que tenemos que hacer es asociarnos sin límites.
Cuando hagamos eso estaremos rompiendo los límites que nos
imponen el tiempo y el espacio.

LA ASOCIACIÓN IMPLICA UN BIEN COMÚN

Fui ministro en una iglesia de las que más practica la asociación. Su sistema está basado en un sinnúmero de divisiones, las cuales operan unidas en un solo núcleo. Pero la asociación no es efectiva solo cuando opera en una unión de muchas personas, sino más bien cuando se trabaja en pro de un bien común. La unión debe nacer en el corazón y dar cohesión al alma, la mente y el cuerpo. Para que eso funcione tiene que haber un propósito común, de lo contrario las personas comenzarán a resistirse.

Hay dos males que impiden la asociación, estos viven en lo más céntrico del hombre; todos los humanos lo poseen, en mayor o en menor grado. Esos dos males son la envidia y el egoísmo. Es imposible hacer una asociación fuerte cuando somos personas egoístas y envidiosas. Por tanto, hay que subyugar esos males para que tengamos una organización fuerte, y para ello debemos pensar en el bien del otro. La clave es: usted crece, yo crezco; para que a mí me vaya bien, debo luchar para que a usted también le vaya bien.

Mi mayor logro en la vida no es cuando puedo guardar cierta cantidad de dinero en mi cuenta bancaria, sino cuando veo a una persona que alcanza su meta. Motivar a la gente a seguir adelante, animarla a alcanzar sus metas, ayudarla para que llegue, es mi pasión. Y debe ser la de usted también. Lo que más me apasiona de una persona no son las cualidades que ella tenga, ni la perfección con la que pueda hacer algo, sino la habilidad para adaptarse al grupo y trabajar en pro del bien común. Aunque esa persona tenga muchos errores, para mí es la persona correcta.

El mundo nos seduce con la idea de encontrar a la persona perfecta, el hombre y la mujer ideal, la persona talentosa, el más capacitado; pero aunque eso tiene su lugar y no es de reprocharse, si no está acompañado de amor, servicio, bondad, integridad, paciencia, valor, dominio propio, honestidad, dignidad, fidelidad, disciplina, confianza en sí mismo, puntualidad, humildad, disciplina, etcétera, no va a servir de mucho. Para organizar personas es necesario que estas vean que se está pensando en ellas, que ellas cuentan, que tienen valía, que son útiles para más que servir de peldaño en la escalera del éxito del que los dirige. Claro, no se pueden resistir a reconocer que eso es cierto, pero no se debe perder el sentimiento ni la calidad humana. Lo que quiero decir, es que para que el que me dirige pueda crecer, yo tengo que estar dispuesto a que se apoye en mí. Sin embargo, mi mentor debe entender también que para que yo crezca necesito igualmente apoyarme en él. Como dice la famosa frase : "Todos para uno y uno para todos".

En conclusión, lo que quiero decir es que la asociación tiene un poder infinito e ilimitado, que es capaz de arropar toda la tierra. Los que quieran crecer en cualquier cosa que hagan, tienen que conocer el poder de las redes, el poder de duplicarse. Es como trabajar sin hacerlo, es estar presente mientras uno duerme o descansa. Es vencer el tiempo y el espacio.

V

DESARROLLE SUS HABILIDADES

"Una habilidad mediana, con esfuerzo, llega más lejos en cualquier arte, que un talento sin él."

—Baltasar Gracián

Cuando doy una conferencia en un seminario o taller, algunas personas me preguntan: ¿Qué es más importante: las habilidades o el talento? Yo les digo que las habilidades, ¿por qué? Porque ellas son las que desarrollamos con el entrenamiento.

Entonces, ¿qué es la habilidad? Es la capacidad de hacer algo con facilidad; es la capacidad que adquirimos a través de la práctica. Por otra parte, los talentos son facilidades, dotes con los que nacemos y que nos permiten desarrollar algo con desenvoltura.

Aunque las habilidades nos permiten hacer algo bien y con facilidad, la diferencia es que vienen por la práctica diaria y por las capacidades que tienen que ver con el carácter. Constituyen la destreza para ejecutar una cosa o capacidad para conseguir los objetivos a través de unos hechos en relación con las personas. La formación de las habilidades depende de las acciones, de los conocimientos y hábitos del individuo.

Las habilidades se forman y desarrollan por la vía del ejercicio, mediante el entrenamiento continuo y por lo general muy elevado. El trabajo con las habilidades presupone la realización de determinadas acciones que permiten, en correspondencia con los objetivos planteados, llevar a la práctica los contenidos adquiridos y los modos de realización de la actividad en cuestión. En otras palabras, se consiguen a través de nuestra formación. Prueba de ello es que hay personas que saben dominar algo muy bien, aunque no nacieron con esa habilidad.

Una vez un admirador le dijo a un maestro de piano:

—"¡Es usted un genio!"

—"¿Por qué lo dice?" —preguntó el maestro.

—"Porque toca usted el piano con una facilidad que solo un superdotado podría hacerlo".

El maestro de piano lo miró y exclamó:

—"Si se debe a practicar durante doce horas al día, cada día de mi vida por más de veinte años, yo soy un genio entonces.

Eso es lo que yo llamo habilidad: algo que llega con el trabajo diario, con la práctica constante, con el esfuerzo arduo. En un camino así nadie puede errar.

Cuando estaba en la secundaria, observaba a muchos que tenían la facultad de recrearse, tener una o dos novias en cada grado, salir de una discoteca para entrar a otra, trabajar, salir de vacaciones, faltar algunos días, no tomar notas durante la clase y aun con todo eso, aprobaban las materias y sacaban buenas calificaciones.

Un día me interesé en ese fenómeno, ya que uno de mis compañeros al que llamaban "el Mayimbe" (palabra que se usa para referirse a alguien que vive con todas las ventajas), le sucedía eso. Así que le pregunté cómo hacía para vivir así. Me respondió que solo tenía que escuchar algo o darle una ojeada y se le quedaba grabado en la mente.

Qué contraste con mi experiencia. Yo tenía que leer las cosas una y otra vez, pedirle a Dios que me diera una visión en la noche y uno que otro esfuerzo más para poder retener la clase. Pero la diferencia entre ese joven y yo era que él poseía un talento que yo no tenía. Aun así, yo siempre sacaba mejores calificaciones que aquel superdotado. Y era porque me esforzaba más que él. **La razón del éxito no son los dotes con los cuales nacemos, sino las habilidades que desarrollamos;** estas son más importantes que todo lo demás.

LA HABILIDAD PARA ASOCIAR.

Captar personas para que se unan a su visión es un arte, pero hay uno que lo llevará a la cumbre más alta. He visto muchas personas con demasiada dificultad para hacer que la gente las siga. Para eso se necesita liderazgo y toda persona que lo logre ya es un líder. Líder es el que hace que alguien lo siga, el que convence a otro y lo involucra en su visión. Más adelante veremos algunos detalles al respecto, pero ahora quiero decirle que el auspiciar personas es una habilidad y puede ser aprendida y desarrollada. Cuando una persona no logra que alguien lo siga, significa que no se está preparando en lo que hace.

La primera vez que me escogieron como líder, fue en el Servicio de Educación, Hogar y Salud en la República Dominicana. Pronto comencé a notar que a muchos de los que llevaban más tiempo allí no les gustó la idea. Dudaron de mis capacidades y se resistieron a seguirme. Tuve entonces que comenzar a trabajar con un grupo de inexpertos, y aunque algunos se quedaron, iban todos los días a la oficina superior a poner quejas de mí.

Eso me hizo percatar de que tenía que esforzarme más que todos los que trabajaban conmigo y que todos los demás directores que estaban en las otras zonas. Trabajaba a tiempo y fuera de tiempo y, como vi que los más expertos estaban apostando por mi caída —tanto que cuando yo trataba de ayudarlos siempre se empeñaban en que fuera en un mal día—, decidí trabajar con los novatos. Eso fue todo un éxito.

Cuando los demás -los que estaban tras mi cabeza- se dieron cuenta de que aun cuando le hablaran mal de mí a mi jefe, estaban observando el gran trabajo que yo hacía con los novatos, decidieron unirse. Me pidieron que los ayudara y que les dedicara tiempo. Eso hizo que me ganara el respeto de mis superiores, el de mis compañeros y además, que otros con más experiencia se unieran. Cada vez se me hacía más sencillo, cada vez me respetaban más y cada vez me era más fácil auspiciar personas.

Ahora bien, para asociar usted solo tiene que contar su historia, mostrar su ejemplo. **Auspiciar a otros es fácil, siempre y cuando las personas se den cuenta de que pueden confiar en usted, que sabe hacia dónde va,** que sabe lo que quiere y que los negativos no le harán dudar. **Para asociar, solo tiene que contar su historia, y mostrar su ejemplo.**

Auspiciar requiere tenacidad, perseverancia, seguridad y sobre todo tener una visión y un motivo por el cual hablarle a la gente. Cuando le presente a la gente lo que quiere para usted y para ellos, hágalo con firmeza, con seguridad. Si le dicen que no, dígale a su ser interior: *"Tener una vida mejor requiere que resista mucho más".* Y continúe con la próxima persona. No se desanime por las negativas, ellas son parte del proceso. No construirá nada que no crea, ni alcanzará nada si cree que todos estarán de acuerdo con usted. El único que tiene que estar de acuerdo con usted es usted mismo. Cautive al candidato con argumentos firmes. Por último, extiéndale la invitación al prospecto y siga hablando a otros de sus sueños.

LA HABILIDAD DE VENDERTE.

Ya he hablado de los vendedores y de la importancia de esta profesión. Ahora bien, la venta en sí misma es muy importante ya que, en un mundo con tanta competencia, lo primero que tenemos que saber mercadear es a nosotros mismos.

La venta, como el expandir la red de asociados, necesita no solo la disposición de la persona; requiere de un constante entrenamiento y una capacitación permanente. Aunque a muchas compañías no les gusta hablar de ventas, creyendo erróneamente que si les dicen a las personas que tienen que vender algo saldrán huyendo, con la experiencia que tengo puedo decir que las personas que saben de ventas y están entrenadas para ello, son las que más oportunidades tienen en la vida.

Cuando una persona entra en cualquier empresa y se entrena en ventas, está más capacitada para avanzar en cualquier otra responsabilidad que le asignen. El tiempo que las personas pasan en las ventas es un periodo de preparación, ya que para tener éxito en este campo se necesita conocer bien el producto y la sicología del comportamiento de las personas. He oído a muchos en empresas de multiniveles o redes que afirman que su negocio no es de ventas. No me opongo a esa filosofía si se usa para aplacar los temores de los nuevos interesados, pero en la realidad toda compañía que no sea de venta y produzca dinero es ilegal. Para que un negocio sea legal, tiene que haber un producto y ese producto debe venderse, ya que por supuesto no se puede regalar.

Hay personas que no logran despegar en su negocio de redes hasta después de dos años. ¿Por qué? Porque en ese tiempo se están entrenando en lo que ellos no quieren aceptar que están haciendo: la venta. Imagínese que empieza un negocio y no quiere vender y lo que hace para mantenerse es que consume el producto. Ese comportamiento no solo va a frenar sus aspiraciones, sino que le va a hacer el proceso más largo y pesado, porque al consumir el producto y no dárselo a otro para que lo haga, le está quitando la oportunidad de que se una a usted.

Este principio se aplica a todo lo que hacemos, ya sea en la iglesia, la empresa, el negocio y hasta en el ámbito de nuestras ideas. Todo debe ser absorbido primero por nosotros mismos para luego convencer a otros; pero si nos llenamos y nos convencemos de lo que queremos hacer sin impartirlo a otros, nos estancaremos y no obtendremos el crecimiento que necesitamos. **Consumir el producto es muy importante, ya que le da la oportunidad de conocerlo y la seguridad de que lo que está ofreciendo es bueno. Pero vendérselo a otro es lo que le va a permitir que el negocio crezca y se desarrolle.**

Es muy probable que al principio no esté dispuesto a vender para vivir de eso. Esa es una actitud muy válida, pero negarse a venderlo aunque sea a tiempo parcial, es imperdonable y no le ayudará a lograr lo que quiere. Mi experiencia es que la mayoría de las personas que entran a una compañía y luego hacen el negocio, lo realizan porque ya probaron el producto y le dio un resultado positivo.

Quizás el solo hecho de presentarle a una persona un programa de negocios que lo puede hacer rico no le entusiasme, pero presentarle un producto que puede solucionar su problema inmediato y el de los demás, podría moverlo a hacer algo. En otras palabras, vender como asociado **es ir paso a paso, uno a la vez; una palabra a la vez, un concepto a la vez. No todos aprenden todo en un día, pero todos podemos aprender. Es cuestión de práctica. La clave es: intenta, falla, aprende y vuelve a intentar.**

Al que domina la venta le irá bien en el arte de auspiciar personas, siempre y cuando no se enfoque en vender únicamente. Tal vez se esté diciendo: *"Pero yo no tengo un producto que vender".* Sin embargo todavía tiene algo, por ejemplo: una idea. Ya dijimos que siempre tendremos algo que vender, aunque sea nuestra personalidad. La ventaja de los negocios de redes, como cualquier oficio que tiene que ver con personas, es que aun cuando haya un producto que vender, el negocio le ofrece la oportunidad de escalar posiciones y de avanzar en un futuro. Y por otra parte, el dinero para la libertad financiera que busca, no está únicamente en la venta.

LA HABILIDAD PARA ENTRENAR

Es muy probable que usted no tenga la habilidad para entrenar, pero esta, como todas las habilidades, se desarrolla y se obtiene a través de la educación y la práctica a través del tiempo.

Para crecer debemos seguir el siguiente método: aprenda, haga, enseñe y envíe.

Es tan fácil como esto.

a) **Aprender**. Aprender requiere estudiar sobre el producto, el modelo para construir y acompañar al líder constructor.

b) **Hacer.** Debe comenzar a poner en práctica lo ya aprendido en el campo de acción.

c) **Enseñar**. Es compartir lo ya aprendido y dejar que sus discípulos lo acompañen para que lo vean haciendo las cosas.

d) **Enviar**. Comienza con empoderar al discípulo para que se valga por sí mismo y comience a hacer solo lo que aprendió de usted.

Si las personas no son entrenadas, no se duplican y no crecen; aquellos que entran en cualquier disciplina y no se duplican se estancan y pronto dejarán la actividad. Eso se aplica en todo lo que hacemos. Si algo que nos puede hacer crecer -como ejercer un oficio o practicar una disciplina-no produce ningún cambio en nosotros al cabo de diez años, deben estar sucediendo dos cosas:

1) No ha trabajado con eficiencia;

2) O eso en realidad no ofrece un desarrollo apropiado.

Cuando un negocio o empresa le ofrece un crecimiento adecuado, se va a notar al pasar el tiempo. Una década es un lapso apropiado si usted está cien por ciento comprometido con ese modelo. Y el que no lo hace, pronto desaparecerá. La razón es que el que está creciendo no se detendrá a esperar al que no crece. El entrenamiento constante es lo único que le permitirá un crecimiento sólido y gradual; además le ayuda a multiplicar su filosofía y a tener mejores resultados.

He notado que las personas que llegan a un lugar con aires de autosuficiencia, aquellos que se rehúsan al proceso de aprendizaje y a la sujeción; esos que llegan cuestionando a sus líderes, casi nunca alcanzan los resultados que esperan, por lo que pronto desaparecen. La actitud de humildad y sujeción en el nuevo discípulo facilitará el entrenamiento, lo hará más efectivo y le dará un crecimiento más seguro.

Las personas que llegan a un lugar con aires de autosuficiencia, casi nunca alcanzan los resultados que esperan.

Recuerde que el sistema ya está hecho, el éxito es suyo, pero hay algo que nada ni nadie excepto usted mismo, puede modificarla: su actitud. Además, la vida es una carretera de doble vía: una se llama aprender, la otra se llama enseñar.

Es simple: aprenda, haga, enseñe y envíe. Esta es la clave del éxito.

LA HABILIDAD DEL LIDERAZGO

Cuando era pequeño me levantaba todos los domingos temprano para hacer ejercicio en una organización de jóvenes a los cuales llamaban los Cadetes Médicos. Allí aprendí primeros auxilios, entre otras habilidades muy importantes. Teníamos una frase que me impresionó mucho, la cual era el lema del grupo, y se cantaba mientras nos entrenábamos haciendo las marchas o los trotes a doble paso.

La frase decía: *"Los cadetes no nacen, se hacen; lo posible está hecho y lo imposible lo haremos, señor"*. La repetíamos una y otra vez durante todo nuestro entrenamiento. El punto aquí es: El líder, ¿nace o se hace? En mi opinión (y usted no tiene por qué pensar lo mismo que yo), el líder nace y se hace. Pero el que nace, es el que tiene cualidades innatas de líder. Su temperamento es de líder; su personalidad, sus agilidades. Muchos podrían nacer en una posición en la que su destino fuera el liderazgo, pero el verdadero líder no es el que nace con esas cualidades, sino el que las trabaja, el que se esfuerza por cultivarlas, el que cada día les dedica tiempo, hasta lograr lo imposible y superar sus limitaciones.

Siempre me ha gustado el liderazgo, pero no siempre he sido el líder que deseo ser. La razón es que nací y crecí con muchas limitaciones.

La timidez, la baja autoestima, la poca fluidez en el idioma han sido uno de los grandes gigantes a los cuales he tenido que enfrentarme. Sin embargo toda mi vida —dondequiera que he estado— he tenido posiciones de liderazgo, desde que estaba en el primer grado de la escuela. Las personas siempre vieron en mí algo que yo mismo era incapaz de ver. Esa ha sido mi lucha: saber quién soy y de lo que soy capaz.

Para formar un líder uno tiene que ser capaz de ver lo que esa persona no es capaz de ver. Para que un líder nazca, la persona tiene que ser capaz de verse como tal. Aquí no cabe la modestia ni la supuesta humildad del que se cree indigno y por lo cual no ve nada.

Para que un líder nazca, la persona tiene que ser capaz de verse como tal.

Por otro lado, siempre me ha gustado destacar a otros líderes. A veces hasta me he involucrado en discusiones defendiendo a personas que ni siquiera conocía. Aunque eso parecía bueno, dejaba ver algo de mí: mi inseguridad de creerme calificado. Me descalificaba a mí mismo y calificaba a cualquiera que estuviera cerca de mí o que apenas había visto en la televisión o en otro escenario.

Por eso les doy gracias a aquellos que siempre me inspiraron, a los que me han visto a los ojos y me han dicho: *"Algo grande quiere Dios contigo".* Es curioso cómo trabaja la autoestima y cómo afecta ésta al liderazgo. La mayoría de las personas que ocupan posiciones de liderazgo y toman eso para humillar a otros en vez de bendecirlos, lo hacen al menos en parte porque no están seguros de ellos mismos. Su liderazgo comenzará cuando empiece a tener seguridad de sí mismo.

En mi juventud, siempre usaba lentes oscuros, hasta por la noche. Tenía vergüenza de que las personas me vieran los ojos. Pensaba que eran horribles y que iba a espantar a las chicas. Una noche muy oscura, estaba hablando con unos amigos, y como siempre tenía mis lentes puestos. Como por arte de magia, vi acercarse a una hermosa rubia en dirección hacia mí y no tuve el valor de mirarla a los ojos. Ella siempre iba al negocio donde yo trabajaba y trataba de hacerme sonreír, pero conseguir una sonrisa mía era muy difícil. Me escondía en una falsa coraza, creía que mi rostro duro haría que me respetaran, casi ni reía.

...no podemos provocar buenos resultados hasta que no encontremos la causa que nos los impide.

Esa noche la joven estuvo a un dedo de distancia de mí. Podía sentir su respiración, lo cual turbaba mi mente. No podía pensar, estaba tan cerca que no hablé más, y quise reaccionar como casi siempre lo hacía, hiriendo a las personas con palabras fuertes, especialmente frente a una mujer. Recuerdo un día en que una joven me tocó en el colegio donde estudiaba mi secundaria. Me molestó tanto que la amenacé con lanzarla por las escaleras y mis compañeros tuvieron que intervenir. Cuando era pequeño fui violado por una joven adulta que me amenazó con contarle todo a mi mamá, a menos que yo siguiera satisfaciendo sus pasiones. Eso hacía que odiara a cualquier mujer, una vez que había tenido contacto íntimo con ella. Esa situación me marcó tanto que Dios tuvo que trabajar por muchos años conmigo, con diferentes procesos, hasta que al fin —en un encuentro— quedé totalmente sano. Es que por lo general, las personas heridas siempre tienden a herir a otros.

Volviendo a lo de la rubia de mi historia, ésta se me acercó y no me dio oportunidad. Pegó su cuerpo al mío de una manera atrevida, me quitó los lentes oscuros, me miró a los ojos y con una sonrisa, me dijo: *"Tienes unos ojos hermosos, ¿nadie te lo ha dicho? ¿Por qué no te quitas esos lentes y dejas que otros te los vean?"*

Balbuceé algo tratando de que me saliera una palabra, pero antes de que lo hiciera me estampó un beso en la boca y con una sonrisa atrevida se alejó. Nunca más hablé con ella de aquel incidente, aunque la volví a ver muchas veces. Pero eso me hizo quitar los lentes oscuros y dejar que los demás vieran mis ojos. Esa joven me hizo quitar los lentes, pero antes de quitármelos me quitó la inseguridad. Y es que no podemos provocar buenos resultados hasta que no encontremos la causa que nos los impide.

El liderazgo se basa en la seguridad en usted mismo y en lo que haga. No puede ser un buen líder si no tiene seguridad en usted mismo. Desarrollar un buen liderazgo requiere todo lo que ya hemos dicho, pero para iniciar esa carrera, **lo único que se requiere es que crea que usted tiene valor,** que las personas lo valoran y valoran lo que ofrece. Eso es necesario para el crecimiento. En conclusión, necesitamos aprender a desarrollar nuestras habilidades.

Muchas veces, la inseguridad y el temor se adueñan de nosotros evitando un crecimiento lógico y gradual. Usted puede lograr lo que se ha propuesto, aunque no cuente con los recursos económicos para hacerlo.

¿Por qué? Porque cuenta con los recursos necesarios; estos están dentro de usted, se los dieron como un regalo de Dios antes de que naciera. Tener éxito no es solo poseer bienes y dinero, es ser un buen padre, un buen amigo, un buen esposo, ser feliz y, sobre todo, poder superar todos sus traumas y sus complejos.

Estas *Primeros Bases* constituyen la forma de motivarlo a ser mejor, a buscar en usted y en el mundo los recursos que necesita, a buscar su dicha y la de los suyos. Cultive esto, saque lo mejor de usted, desarrolle lo que tiene porque eso es suficiente para el éxito que tanto desea.

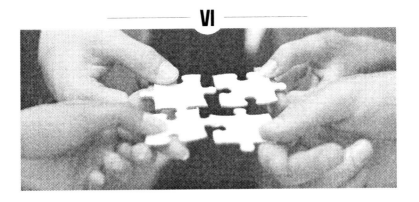

VI

PRINCIPIOS PARA UNA PRESENTACIÓN EXITOSA

"Lo que es digno de hacerse, es digno de que se haga bien."
—Conde de Chesterfield (1694-1773)
Político y escritor inglés

Toda aquella persona que está envuelta en un negocio de mercadeo en red, debe tener en cuenta que el hecho de hacer una presentación efectiva es muy importante para alcanzar las metas que se ha propuesto. **La efectividad en la presentación** tiene mucho que ver con el desarrollo personal y de las habilidades. Hay quienes tienen muy buenas intenciones y todo el deseo de hacer que las cosas sucedan, pero con pura intención no se llega a ningún lado. Al mercado no se va sin dinero. De igual manera, el resultado **en lo que sea que usted haga, no lo realizará sin preparación ni crecimiento.**

De la experiencia de grandes líderes de negocios en red y de mi propia experiencia es que salen los conceptos de este capítulo. Inclusive he tenido la oportunidad de acompañar a algunos de estos líderes en su labor de expandir su negocio, en presentaciones individuales acerca de la oportunidad que le ofrecen a la gente. De esta experiencia me queda clara la importancia del desarrollo personal del presentador para mantener, durante la presentación, un ambiente donde es palpable su seguridad y entusiasmo; mientras mantiene su postura y muestra su conocimiento del negocio y su habilidad en el trato personal.

La idea en cualquier presentación es llevar al individuo de un punto A hacia un punto B. Queremos que haga, o por lo menos que contemple hacer, algo que no está "ya" haciendo. Y para esto hay que tomar en cuenta tres pasos o etapas de una presentación efectiva.

Estos pasos son: **Atención, Aceptación y Acción.** Adicionalmente, la información presentada en cada etapa ha de aportar al propósito de lo que queremos enseñar en este libro, pues la finalidad del mismo es darle una base al lector para desarrollar sus propias habilidades. Analicemos entonces cada una de estas tres etapas.

LA ATENCIÓN.

En la etapa de la Atención se debe compartir información y hacer preguntas al individuo, que lo lleven a tomar conciencia de que es importante y para su propio beneficio, el prestar toda su atención a la información que se le está ofreciendo respecto a una oportunidad financiera. Esta etapa es básicamente "preparar el terreno" - la mente de la persona-. Aquí es donde hay que cubrir sistemáticamente información que le abra los ojos sobre la realidad que está viviendo en el aspecto de su situación económica en este país.

Que la persona en cuestión se dé cuenta que en la mayoría de los casos, en este país o en cualquier otro, las personas solo son elementos de un sistema económico diseñado para enriquecer al dueño del negocio, y a nadie más.

...las personas solo son elementos de un sistema económico diseñado para enriquecer al dueño del negocio, y a nadie más.

Concientizar al individuo de que aquella persona que todo lo gasta solo sobrevive, y que **los que invierten tiempo y dinero eventualmente son los únicos que logran la libertad financiera** que tanto anhelan.

Que si queremos resultados diferentes en la vida, **habremos de empezar a desarrollar nuevos hábitos y emprender nuevas actividades.**

Que **si no hacemos algunos cambios, inclusive cambios en tiempos difíciles,** no habrá nada mejor en el futuro que lo que hoy ya poseemos.

Y por último, que comprenda que como seres capaces que somos, **tenemos todo lo necesario,** (como tantos otros lo han comprobado al tener éxito), **para entrar en la jugada de los negocios en este país de tantas oportunidades.**

LA ACEPTACIÓN.

En la segunda etapa, la de la Aceptación, se debe compartir información que tenga sentido y que sea sencilla y clara. En esta se le informa a la persona **el qué y el cómo de la oportunidad.** En el caso de una presentación de negocio, es imperativo que quede establecido muy claramente dónde es que se produce el dinero.

También qué es lo que podemos hacer en pos de alguien más y que nos produzca a nosotros la ganancia. No se gana dinero por no hacer nada. **Algo tenemos que hacer para mejorar la situación de los demás.**

La persona necesita ver dónde es que yace la oportunidad. Aquí hay que cubrir el plan de negocios y debemos responder a las siguientes preguntas: ¿Cómo se empieza? ¿Qué clase de producto es el que se mueve y cómo? ¿Cuáles son los niveles de rendimiento y las compensaciones consiguientes?

Otros elementos a cubrir, son qué tipos de apoyo habrá disponibles del corporativo, del equipo, de los líderes con experiencia y del programa de capacitación.

Finalmente, también hay que esclarecer tanto lo que uno espera de la persona, como lo que la persona puede esperar de uno (y del equipo) si decide integrarse al negocio y al equipo de trabajo. Aquí es importante que la persona obtenga un sentido de empoderamiento, que sienta que con la ayuda del líder que tiene enfrente es posible desarrollar su propio negocio, y subsecuentemente presentarle la posibilidad de que con su trabajo, esfuerzo, aprendizaje y perseverancia, pueda en el futuro cambiar su estado financiero. Es en esta parte en la que el presentador ha de mostrarse seguro y dispuesto a enseñar y a ayudar a la persona a desarrollar la oportunidad. Que quede muy claro, que en ningún momento esta persona se encontrará sola tratando de figurar en cómo hacer las cosas.

LA ACCIÓN.

La tercera etapa, la más importante ya que para que esta se realice existen las primeras dos, es la Acción. Se trata de que la persona tome acción, que dé el siguiente paso, o mejor dicho el primer paso en rumbo a una vida diferente. En esta etapa es donde entra el porqué de las cosas. Esta es la parte emocional de la presentación donde hay que cubrir el "por qué hacerlo".

En esta etapa estamos incitando a la persona a invertir algo de su tiempo y de su dinero para este proyecto. Por tal motivo es importante establecer que el resultado a obtener valdrá la pena, y que es un intercambio justo y valioso por dicha inversión. Aquí es bueno primero compartir nuestras propias razones por las cuales estamos desarrollando la oportunidad.

Si ya hemos logrado metas o sueños a través de la oportunidad, es bueno compartirlos; también usar relatos de metas o logros de líderes exitosos en nuestro equipo. Decirles por qué lucha usted, aun cuando no ha llegado a la meta que se ha propuesto, abrirá la mente de la persona llevándolo a reflexionar sobre sus propias razones por las cuales él también debe luchar.

Cuando llega el momento de la conclusión, generalmente la persona le expresa sus razones, el por qué desea hacer algo así o el por qué no lo haría. Déjelo hablar hasta que termine, y entonces usted simplemente pregúntele si está listo para empezar. En muchos casos la persona no va a estar lista para comenzar allí mismo, pero sí a seguir con el proceso - al menos que simplemente no esté interesado o por alguna otra razón personal que le impida continuarlo-. La idea es confirmar que la persona está interesada. Esta es la acción mínima que queremos que tome: que verbalice el hecho de que sí está interesado y que mínimamente está dispuesto a seguir informándose, que está seriamente considerando tomar esa oportunidad.

Hablemos entonces de establecer la siguiente cita para continuar el proceso de integrar a la persona al proyecto. Hay que dejar algún material de seguimiento y fijar lugar y hora para el siguiente encuentro.

En resumen, **lo primero que hay que lograr en la presentación es obtener la Atención completa de la persona.** Expresarle que tome conciencia de su situación actual y del futuro, y que si no toma acción podría terminar siendo uno más de las estadísticas. Esta es la razón por la que es importante que considere generar como fuente de ingreso, algo más que lo que ya hizo en el pasado o algo diferente a lo que ya hace.

Lo segundo en la Aceptación, es que la persona reciba favorablemente el concepto que le presentamos. Es importante que lo vea como algo lógico que apela a su sentido común. Asegúrese de que la persona entienda dónde está el dinero y cómo ganárselo. Déjele saber que tendrá la oportunidad de aprender de líderes con experiencia y con resultados. Asegúrese de que él se dé cuenta que no será ni el primero ni el último en lograrlo.

Lo tercero en la Acción, es cuando la persona al reflexionar en sus propias necesidades, sueños y anhelos, toma "la acción de asociarse" o bien expresa mínimamente su interés en la oportunidad, o en aceptar la siguiente cita de negocio o de encuentro.

VII

SU NEGOCIO NECESITA RAÍCES PROFUNDAS

"Su negocio necesita raíces profundas para obtener resultados gratos."

—Nahum Sáez

Vivimos en un mundo donde las personas quieren todo rápido y desean tener los resultados deseados sin mayor esfuerzo. No desean esperar ni esforzarse más por el salario que reciben. Hace poco tuve una reunión con unos amigos a los cuales exhortaba que trabajaran su negocio con más visión. El problema era que uno de ellos quería tener una nueva apertura y expansión de su negocio, sin embargo no podía pagar las deudas de lo que estaba manejando en el momento. Pensaba que si abría nuevas sucursales, eso ayudaría a que las personas confiaran más en su capacidad e invirtieran más en la empresa.

Ese argumento se veía muy bueno, pero la realidad es que las personas nunca van a confiar en lo que no tiene raíces. Cuando alguien pone un negocio, este siempre va a ser puesto en duda o cuestionado por las personas que observan. Pero, a medida que los años van pasando, las personas empiezan a darle crédito. Siempre y cuando usted pueda mostrar que el negocio ha permanecido y ha crecido, los indecisos se le irán uniendo.

El otro amigo, quien también estaba involucrado en el negocio, trataba de convencer a su compañero. Le decía que lo que él necesitaba era cobrar un dinero fijo por su servicio, y aunque era socio de la empresa no estaba dispuesto a dar su tiempo y habilidades sin saber cuánto iba a recibir. Según él, estaba cansado de esperar por promesas y ya no creía en nada ni en nadie. Estaba determinado a no creer y no estaba dispuesto a seguir trabajando por una visión con resultados futuros.

A continuación, le quiero mostrar cuáles son los dos "puntos grises" cuando queremos levantar un negocio:

1) Una expansión apresurada. Hay personas que piensan que esperar el momento adecuado es perder el tiempo.

2) Trabajar solamente por lo que ven u obtienen en el momento. A las personas que piensan así se les olvida que las raíces crecen hacia abajo y que en los árboles las raíces están debajo de la tierra. Se les olvida que aun cuando estas no se ven, de ellas dependen la duración y el tamaño del árbol.

LAS RAÍCES SON INTERNAS

Como las raíces son internas, no suelen ser apreciadas. Las personas que fracasan en la vida son aquellas que toman un camino y pronto se desvían, se desaniman, dejan que las dificultades del trabajo y las opiniones de otros los influencien, dejando que las circunstancias los guíen. Pero las circunstancias de la vida no pueden desviar su visión.

Habrá todo tipo de problemas y obstáculos, pero eso no debe dictar lo relativo a su crecimiento. Hay una visión en su interior y usted debe cultivarla. Como una semilla que se siembra, el agricultor sabe que en ella hay un árbol y en el árbol muchos frutos. Puede ser que nadie lo vea, pero él sabe que hay una planta allí y está dispuesto a esperar por ella. De la misma manera aquel que comienza un negocio, sabe que algo grande vendrá, y aunque se burlen de él, aunque le llamen "loco", está dispuesto a seguir trabajando y cultivando su sueño hasta que lo vea hecho realidad.

Me encanta tomar el ejemplo de la mujer cuando está embarazada. Ella quizás lo sabe desde la misma noche que queda en gestación. Los primeros meses nadie ve su abdomen apenas crecido, pero ella sabe que hay un niño dentro de ella. Lo mismo sucede con la semilla de los sueños. Muchas personas no crecen porque no se detienen a cultivar la semilla de su sueño. He visto muchas personas irse a otros lugares buscando algo mejor, pero pronto regresan decepcionados y diciendo que las cosas por allá estaban peores. El problema aquí es lo mismo. Es pensar que un estado, país o circunstancia le va a cambiar la vida, pero la realidad es que usted mismo tendrá que hacerlo.

> *Muchas personas no crecen porque no se detienen a cultivar la semilla de su sueño.*

Si esas personas que se van a otros lugares lo hicieran con decisión, alcanzarían lo que buscan; pero cuando se ven sin trabajo o ganando menos que en el lugar anterior, vuelven con miles de excusas. Lo mismo sucede en los negocios.

Esteban -un amigo que hoy goza de los placeres de desarrollar una organización- me contó que cuando comenzó a formar su red, él trabajaba tiempo completo, pero que **salía todos los días después de llegar a su casa.** También visitaba a personas los sábados, y los domingos lo hacía hasta las tres de la tarde porque a esa hora comenzaba a recoger a "los nuevos" para llevarlos a la reunión de la noche. Eso era perseverar y saber que nada se lograba de la noche a la mañana.

Esteban pudo haber dicho que eso no funcionaba o que no tenía tiempo, pero no lo hizo. Le dio tiempo al negocio, lo trabajó adecuadamente y éste le dio los resultados que buscaba. Esteban dice ahora: *"Lo que hace fracasar a alguien no es la falta de tiempo, no es qué tan ocupada esté la persona, ni cuán apretada esté con un salario, lo que la hace fracasar es su falta de deseo, de interés y la falta de una visión clara de lo que desea, porque cuando la visión está clara todo lo demás espera".*

El fracaso no está fuera del hombre, está dentro de él mismo. Cuando por dentro no hay profundidad, por fuera solo hay decepciones.

El fracaso no está fuera del hombre, está dentro de él mismo.

LOS RESULTADOS NO LLEGAN DE INMEDIATO

Todo lo que echa raíces da resultados. A lo largo de mi vida he visto personas que no duran en ninguna parte: ni en el trabajo, ni en la iglesia, ni en la escuela. Tienen muchos talentos, pero no los desarrollan porque no echan raíces.

No importan los talentos que usted tenga, lo importante es cómo los enfoque y cuán dispuesto esté para que los frutos de su trabajo puedan ser disfrutados por usted, por su familia y por los que lo rodean.

Una vez, un amigo y yo comenzamos un trabajo juntos. Nos pusieron a prueba por tres meses. En ese lapso solo nos darían lo necesario para sobrevivir, pero después —si hacíamos un buen trabajo— nos darían un sueldo decente con bonos y beneficios de producción, gasolina cubierta, puentes y otros gastos. Pero mi amigo pronto se desanimó y dejó todo, no quería perder el trabajo que había acumulado en una empresa durante doce años.

El problema era que su economía no era buena, su hogar estaba peor y las cosas no andaban como él esperaba. Ese trabajo era una oportunidad para cambiar de vida, pero a los dos meses desistió, abandonó, con la excusa de que el director no le quiso subir el salario; pero la realidad era que quería volver a su trabajo anterior.

No había pasado un mes, cuando a mí me cumplieron todo lo que nos habían prometido. Al ver él que las cosas no andaban como las planeó en su antiguo trabajo, decidió volver a la empresa, pero eso significaba comenzar otra vez de cero. Un día llamé a un líder por teléfono, el cual estaba teniendo algunos problemas y me dijo: *"Wilson, cuando mi negocio tuvo obstáculos, cuando me abandonaron, cuando todos me dieron la espalda, yo me quedé de pie y me dije a mí mismo: 'Ahora no solo debo seguir porque lo que hago es bueno, sino porque tengo que confirmarles a todos que siempre hay un lugar para desarrollarse'. Fracasar no es una opción, sé que no triunfaré o cambiaré las cosas en un día, pero lo haré y si tengo que hacerlo de nuevo lo volveré a hacer mil veces y mejor que la primera vez; porque el líder no es el que motiva cuando todo está bien, sino el que permanece cuando todos se van y cuando nadie apuesta por él"*. Y agregó: *"Wilson, sabré que eres un gran líder cuando te vea permanecer en lo que haces, aun en los días cuando nadie crea en ti"*.

El liderazgo y el crecimiento no se miden por lo rápido que podamos construir una organización, sino por la **determinación de hacerla,** de permanecer aun cuando nadie esté con usted. Yo pasé tres años recibiendo ataques desde diferentes lugares. Pasé la mayor parte de mi vida perteneciendo al liderazgo de una organización religiosa de dieciséis millones de personas; algo que agradezco profundamente por todo lo bueno que viví y tuve, pero que por razones personales y de la visión que había en mi corazón, renuncié y al hacerlo aprendí con lágrimas que los cambios son duros y traen muchos retos.

Cuántas veces me sentí frustrado al hablarle solo a un grupo de treinta personas, cuando el público más extenso con el cual contaba era de sesenta a setenta individuos. No veía la razón de lo que había hecho, pero en mi corazón sabía que era lo correcto. Ahora tengo la honra de contar con nuevos amigos y de ver mis frutos madurando. Algunos hasta los puedo saborear. Esos tiempos no fueron de pérdida, sino que fueron para crecer, conocer nuevas personas, amar a otros y apreciar mejor todo lo que Dios pone en mis manos. Me examiné una y otra vez, reconocí mis errores y mis virtudes. Hoy no soy el mismo hombre, me siento más fiel, más fuerte, más lleno, más decidido, con una mejor vida y una linda familia.

Si desea tener buenos resultados y si quiere crecer, comience sabiendo que el lugar donde está es el que usted se merece, el que ha forjado; el cual no es para llorar, sufrir, quejarse, sino para crecer, reconocer y cambiar. **Los cambios son difíciles porque es necesario reconocer que estamos equivocados y admitir que hay que dar un giro,** que no podemos seguir como el saltamontes, ni como el camaleón. Escondernos en los problemas no los resolverán, enfrentarlos y soportarlos lo hará y nos llevará a un nivel más alto.

"NO TE DESESPERES, PÉREZ".

Este es un refrán que en República Dominicana, los jóvenes lo usan como una frase para decir: "No te desesperes, tonto".

La desesperación es una tontería, no es sabia. Desesperación significa pérdida total de la esperanza y también camino a la cólera, al despecho o al enojo, los cuales hacen que las personas se apresuren lanzándose al vacío.

Un ejemplo del poder de la raíz es el bambú japonés. Hay algo muy curioso que sucede con el bambú japonés y que lo transforma en no apto para impacientes: se siembra la semilla, se abona y hay que ocuparse de regarlo constantemente. Durante los primeros meses no sucede nada extraordinario. En realidad, no pasa nada con la semilla durante los primeros siete años, a tal punto que un cultivador inexperto se convencería de haber comprado semillas estériles.

Sin embargo, durante el séptimo año, en un período de solo seis semanas, la planta de bambú crece ¡más de treinta metros! Pregunta: ¿Tardó esta planta solo seis semanas en crecer? La respuesta es no. La verdad es que se tomó siete años y seis semanas para desarrollarse. **Durante los primeros siete años de aparente inactividad, ese bambú estaba generando un complejo sistema de raíces que le permitirían sostener el crecimiento que experimentaría siete años después.**

No obstante, en la vida cotidiana, muchas veces queremos encontrar soluciones rápidas y triunfos apresurados, sin entender que el éxito es simplemente resultado del crecimiento interno y que éste requiere de tiempo. De igual manera, es necesario entender que en muchas ocasiones estaremos frente a situaciones en las que creeremos que nada está sucediendo. Y eso puede ser extremadamente frustrante.

La desesperación es una tontería, no es sabia. Desesperación significa pérdida total de la esperanza y también camino a la cólera...

Cuando Miguel comenzó en el negocio de red, se encontró con el problema de que nadie creía en él: ni su esposa, ni su mamá ni mucho menos los amigos.

Cuando llamaba a su esposa, quien no estaba con él en los Estados Unidos, ésta veía que el negocio no le estaba dando el dinero que necesitaban para cubrir las necesidades básicas del hogar, por lo que le reclamaba y le decía que dejara eso y se dedicara a trabajar a otra cosa. Lo mismo le decía su mamá. Fue entonces cuando Miguel tomó una decisión drástica: dejó de llamar a su esposa y a su madre, a quienes había dejado en su país hacía ya seis meses.

Las demás personas casi nunca ven lo que usted quiere hacer, pero usted sí lo puede ver aun cuando no se vea en el exterior, porque su visión solo está en su propio interior. Aunque los frutos no salgan a la luz y la gente lo vea como un tonto o un loco, es momento de seguir creyendo y trabajando, ya que hay que darle continuidad a lo que quiere y espera. Usted sabe que solo siguiendo a la meta obtendrá lo que desea.

El bambú japonés crece hacia abajo. Es difícil aceptar que también se crece hacia abajo ya que se supone que el crecimiento debe ir hacia arriba, pero ¿cuántas situaciones en la vida no son negativas? ¿Cuántas veces nos hablan mal, nos maltratan o nos hacen cosas injustas? Cuando una persona está comenzando un negocio y no se ven los resultados que quiere, suele ser agredido por personas que no le creen y que no ven los frutos.

En esos momentos usted puede hacer dos cosas:

Irse disgustado con la excusa de que alguien impidió su éxito, o quedarse soportando todos los reveses y las dificultades que lo azotan. A esto le llamo **crecer hacia abajo, es echar raíces.** Cuando tal cosa ocurre, usted está creciendo y, si está creciendo como persona, está echando raíces.

EXPANDIRSE ES BUENO, PERO ES RIESGOSO

He visto individuos escalar posiciones en la vida, pero debido a que no saben manejarlas, se derrumban. **Pues una persona que no crece internamente y que no es humilde nunca mantendrá su éxito y su crecimiento.** Un líder que comienza a crecer sin la debida preparación es posible que comience a matar a las personas con sus comentarios de prepotencia y algunos errores.

Es muy importante crecer, hacer las cosas por nosotros mismos, y no caer en rebeldía e insensateces. **Los líderes deben mantenerse humildes para escuchar y aprender.** Cuando una persona o empresa se va a expandir, debe tratar de no dañar las raíces, es decir, de no dejar una línea débil entre la conquista y los cimientos. Hay personas que quieren expandirse antes de tiempo o más allá de su capacidad actual, y en su desesperación fracasan. Es necesario hacer algo cada día con firmeza y paciencia.

Esto lo puedo ilustrar tomando el ejemplo del **rey Artajerjes o Darío III,** quien tenía en mente conquistar a Grecia y contaba con un ejército de cuatro millones de soldados.

Eso le daba la seguridad de que podía vencer a los griegos, pero sus consejeros le dijeron que no lo hiciera, que Grecia estaba muy lejos y que no representaba peligro para los medo-persas, y que Alejandro o cualquier general griego nunca se atreverían a recorrer tanta distancia para atacar al imperio más grande del mundo, y si se atrevían, seguramente ellos los aplastarían con su fuerza. El rey no escuchó y puso en marcha a sus soldados por tierra y por mar. Los soldados que iban por tierra llegaron débiles, sin fuerzas, enfermos. La mayoría murió como consecuencia de las plagas, las enfermedades, el hambre y la sed. Los que iban por el mar, como el número de barcos era tan grande, chocaron unos con otros azotados por el viento en la costa de los griegos y la mayoría se hundieron.

Como resultado de su insensatez y por descuidar sus raíces, el Imperio Medo-persa desapareció y fue conquistado por los griegos. Aunque los griegos se veían insignificantes en número de soldados y en extensión de territorio, terminaron con el mayor imperio de la época.

Cuando usted quiera expandirse aprenda a cuidar sus raíces. Ellas son las que lo mantienen a salvo y las que hacen que en el camino al éxito y el crecimiento no pierda su ejército ni su fuerza. Los medo-persas eran poderosos hasta que un rey ignoró este principio. **Es necesario crecer, pero también debemos tener la facultad de sostener el crecimiento obtenido.**

QUE LAS RAÍCES NO TE SIRVAN DE ANCLAS

Un ancla es un objeto que le sirve a un barco para mantenerse en la orilla y no ser arrastrado por la corriente. **El principio que dice que nunca tenga un crecimiento más fuerte que sus raíces, es vital para expandirse.** Pero es necesario que cada persona entienda que eso no significa quedarse anclado en la orilla. Los barcos por ejemplo, están diseñados para poder estar en la orilla.

En la orilla ellos pueden estar muy seguros, pero no están siendo efectivos.

Cuando vamos a expandirnos en algún proyecto, tal como sucede con un barco, es necesario lanzarnos a aguas profundas, a veces conocidas y otras veces no. **Es bueno calcular los riesgos. Nada bueno se logra sin riesgos; no hay expansión sin apuros.** Todos deseamos desarrollarnos pero nadie desea arriesgarse, y mientras menos tenemos, menos nos arriesgamos.

Yo trabajaba en una compañía que consigue fondos federales a los negocios para que cambien de tecnología y bajen sus gastos energéticos. Pero a pesar de que los negociantes recibían dinero de inmediato y otros ahorros mes tras mes, a causa de los beneficios del flujo de dinero que les proporcionaba ese cambio de tecnología LED (pues esta era sin costo para ellos en el 90% de los casos); sin embargo los empresarios se negaban a salir de sus viejas tecnologías para disfrutar de los beneficios de la nueva.

La mayoría de las veces esos trabajos que iban desde diez mil, cien mil a un millón de dólares se ofrecían sin costo alguno para los dueños, pero aún así muchos de ellos no lo aceptaban. ¿Qué hace que esas personas que toda la vida han estado deseando que algo bueno les pase rechacen algo tan útil? El temor a lo nuevo, a lo bueno, a lo cómodo y sobre todo a lo desconocido. Ellos no creen que el gobierno, que siempre les ha exigido pagar impuestos y multas les pueda dar tanto; no creen que los puedan tomar en cuenta ni que les ofrezcan algo tan ventajoso.

No cuidar ni ver cómo están sus raíces antes de expandirse, es un gran mal; pero peor es no hacer nada y no aprovechar las oportunidades.

En mi propia experiencia trabajando con personas, he visto que muchas de ellas mientras menos tienen, más asustadas viven y menos riesgos corren. Cuando les ofrecíamos el programa a los supermercados y grandes cadenas de negocios (aunque fuera después de muchas visitas), un gran porcentaje lo aprovechaba;

pero cuando hacíamos lo mismo con los bodegueros, era un porcentaje muy bajo el que lo hacía. ¿Por qué?

En primer lugar, porque tenían miedo y temían que detrás de todo eso hubiera una trampa que les quitara lo poco que tenían. Y en segundo lugar, porque cuanto más pobre es la persona, actúa con más escepticismo y cree que tiene más para perder que todos los demás. Muchos de los bodegueros ni siquiera se daban una oportunidad para considerarlo, tenían su propia teoría de la vida y no había quién se la cambiara.

Los riesgos son necesarios porque sin ellos no se consigue nada. Todo lo que hay en la tierra lo han hecho hombres irreverentes e inconformes con el mundo que los rodea. Pero también todo lo que se ha dañado en la tierra ha sido hecho por ellos mismos. **Por eso es que a este capítulo he querido dedicarlo a la importancia de echar las raíces adecuadas, teniendo en cuenta que nunca debemos tomar este principio como una excusa para no seguir avanzando.**

VIII

APRENDA A ESPERAR

U n día, hablando con un amigo llamado Héctor, me dijo: *"Escuché a Cash Luna decir lo siguiente: 'He estado enseñando el poder de finalizar lo que uno comienza, pero nadie tiene la capacidad de finalizar si no tiene la capacidad de esperar, y nadie tiene la capacidad de esperar si no tiene el rasgo de carácter que se llama paciencia'"*. **Saber esperar tiene mucho que ver con la perseverancia, la paciencia y la constancia.** Estos rasgos de carácter nos permitirán terminar lo que comenzamos y sobre todo nos ayudarán a alcanzar el éxito en la vida.

EVITE LA DESESPERACIÓN

La desesperación surge en parte por no creer que se puedan cumplir los sueños que Dios ha puesto en nuestros corazones. Ocurre cuando una persona duda del cuidado de Dios. Él ha provisto al universo para que lo supla de todo lo que usted desea: "Él te concederá las peticiones de tu corazón. Encomienda al eterno tu camino y confía en él; y él hará."

Cuando no consiga lo que anhela, no se desespere. Quizás esté echando raíces y preparándose para el futuro. Dios usa las situaciones difíciles de la vida para bendecirlo y prepararlo. En la Biblia hay una historia de un muchacho llamado José que tenía once hermanos. Un día, José tuvo un sueño en el que se veía reinando. Así que se lo contó a sus hermanos y estos tuvieron envidia de él, por lo que lo vendieron como esclavo a unos mercaderes ismaelitas que iban para Egipto.

Cuando José llegó a esa poderosa nación, fue vendido como esclavo a la casa de Potifar, un capitán del Faraón de los egipcios. Pero en esto que parecía una desgracia había un propósito mayor. Él quería que José fuese preparado a los niveles más altos y el mejor lugar para ello, era la casa de un hombre que siempre estaba al lado del faraón, sí, en la casa de Potifar. Allí siempre había invitados de alta alcurnia, personas que conocían el protocolo de los reyes.

Quienes no se dan por vencidos, van gradual e imperceptiblemente en aumento...

José estaba allí al servicio de Potifar, siendo preparado para el puesto que Dios tenía para él al lado del faraón. Eso José no lo sabía y era muy probable que en algunos momentos cuando pensaba en la casa de su padre, se desesperara. Pero lo mantenía en pie la visión de que algo grande vendría para él. Eso hizo que José pudiera mantener una actitud paciente y con fe.

Quienes no se dan por vencidos, van gradual e imperceptiblemente en aumento; su crecimiento es día a día; de nivel a nivel. Los que no se desesperan son los que saben esperar, porque tienen en qué confiar y tienen la fe para eso. Lo podemos ver en la vida práctica: la desesperación es parte del fracaso.

Cuando una persona está desesperada por alguna situación, no es capaz de pensar con claridad, ni de buscar solución a sus problemas. **Estos no pueden solucionarse en un estado de desesperación; al contrario, la preocupación no soluciona problemas, los empeora.** Hay un proverbio chino que dice: *"Si tu problema tiene solución, de qué te preocupas; y si no tiene solución, de qué te preocupas"*. Esta es una gran realidad para entender lo que quiero decir: los problemas traen desesperación **y la desesperación es la madre del fracaso.**

Cuando usted lee la historia de José se da cuenta de que todo lo que él necesitaba llegó a su tiempo y cuando estaba preparado para recibirlo. Así es la vida, la vida trae todo a su tiempo y todo lo que un ser humano necesita para alcanzar su sueño ya fue provisto para usted desde el principio de la fundación del universo.

Muchas personas se quitan la vida en un momento de desesperación, cuando ven todo gris o negro Actúan sin saber que la vida les tenía miles de puertas abiertas, puertas que nunca vieron abrirse porque no le dieron el tiempo necesario. Solo piense en esto un momento: las personas que se desesperan y no llegan a las metas que se han trazado, ya sea por desánimo o por falta de visión, se han cerrado la oportunidad de darles nuevos aportes a sus generaciones. En la cotidianeidad y sin ningún apuro (aunque eso no incluya el dejar de hacer lo que usted tiene que hacer) es que se van a crear los hábitos que una persona necesita para triunfar. En ese trajinar es que se forja el carácter que se necesita para sostener el edificio que le dará el éxito en la vida. Este consejo es muy válido. Si no ha conseguido lo que anhela, no se desespere.

Un líder de una iglesia me dijo: "A nuestras reuniones llegó un muchacho que tenía muchos talentos: era cantante, escribía sus propias canciones y tenía un maravilloso estilo. En un retiro al cual asistimos, el muchacho se desbordó de alegría y dio testimonio del sueño que Dios había puesto en su corazón. Él decía que había un gran propósito con su vida, que el Eterno quería que sus talentos fueran usados para ayudar a muchos. Todos los que estábamos allí nos emocionamos mucho al ver que ese joven con tantos talentos había decidido bendecir a la humanidad con ellos, pero algo me parecía extraño: cómo era posible que alguien con tan bonito estilo, tan buena voz y con tanto tiempo en ese campo de la música no hubiese desarrollado su don a tal punto de que muchas iglesias supieran de él." **Ese es un gran problema en la mayoría de las personas talentosas: no viven de acuerdo a su talento.**

"Ese joven nos hizo aplaudir, y algunos hasta llorar, pero muy pronto —cuando regresamos— no supimos más de él. Su único afán era impresionar a alguien con el objetivo de que le financiara un disco que quería lanzar. Aunque el propósito era bueno, su forma de proyectarse era errada, ya que quería impresionar con sus palabras y su talento, mas no con su ejemplo. A mi percepción, la razón por la que ese joven no tenía su grabación era porque llegaba a un lugar, trataba de impresionar a los dirigentes que estaban allí para que le dieran una participación en el liderazgo y si no veía que las cosas le salían como él quería, se iba desanimado a probar suerte en otro lugar. De hecho, a nosotros nos impresionó tanto que rompimos nuestras reglas sobre quienes participan en el programa; lo dejamos cantar para que todos los presentes lo escucharan, y la gente quedó tan impresionada que todos hablaron de manera positiva acerca de él."

El problema es que impresionar a un público, a un líder o a un jefe, no le hace una persona exitosa. Pero por el contrario, el no desesperarse y dejar que las raíces crezcan hasta que nazca su fruto, es lo ideal. Ninguna persona está dispuesta a invertir en un forastero. A los líderes les gusta ver las personas firmes que saben lo que quieren, que dan su fruto a su tiempo, que no se desesperan echando todo a perder. Hay una promesa que dice que *"el que confía en el eterno será como árbol plantado junto a corrientes de aguas, que da su fruto en su tiempo, y su hoja no cae; y todo lo que hace, prosperará"*.

Confiar en que la vida trae cosas buenas para usted es una virtud que le ayudará a no desesperarse y a no abandonar sus objetivos. Jesús dijo: *"Nadie que después de poner la mano en el arado mira atrás, es apto para el reino de Dios"* En este caso, el reino de Dios es aplicable a todo lo bueno que la vida tiene para usted: a las metas que él ha puesto en su corazón, a su negocio, trabajo, familia, iglesia, organización y liderazgo. El que se desespera y vuelve atrás no conseguirá la bendición de lo que comenzó con tanto anhelo. Así que siga lo que anhela y no se desespere.

LA CLAVE ES PERMANECER

Muchas personas no maduran porque no permanecen. A ellos, Pablo el escritor y apóstol del cristianismo les llama "niños fluctuantes". Así lo declara: *"para que ya no seamos niños fluctuantes, llevados por doquiera de todo viento"* Para Pablo una persona que no "permanece", es un niño que no tiene raíces de nada. Hay muchas virtudes en los niños, sin embargo algo que no se puede dejar en mano de ellos es que tomen el control de su vida.

Los niños siempre necesitan a alguien para ser guiados y enseñados; esto no es un capricho de adultos, es una realidad en la existencia misma del hombre. **Cuando un niño nace, carece de los conocimientos necesarios para enfrentar la vida y las responsabilidades que ésta demanda.** Es por eso que los padres son responsables de los actos de sus hijos. Un niño no puede ir al supermercado solo y si lo hace seguro que sus prioridades al comprar serán los dulces y las golosinas.

Cuando un adulto piensa como niño, su inestabilidad y cómo enfrenta los compromisos, **se debe a la falta de formación de un carácter correcto.** ¿Cómo llega un niño a ser adulto y a portarse como tal? Solo a través del tiempo. Es imposible que un niño piense como adulto a los cinco meses de nacido o a los tres años de edad, es más, aun a los doce años cuando ya es adolescente le faltan los fundamentos suficientes para actuar y vivir como una persona ya formada.

La edad de la madurez en los Estados Unidos es dieciocho años de edad. Se considera que una persona ya está lista para tomar decisiones por sí misma al cumplir los dieciocho. Lo que el gobierno estadounidense está diciendo es que una persona antes de esa edad ni siquiera está lista para decidir por su propia vida. El individuo comienza a tomar decisiones a la edad de dieciocho años, pero eso no le asegura que no vaya a errar en sus decisiones, porque todavía le queda un proceso más, el de la experiencia. Es por eso que se dice que después de los 40 años un hombre rinde más con la sabiduría de la mente que con toda su energía física.

A medida que va tomando decisiones y acertando, comienza a ser una persona más confiable y estable; esto constituye el proceso de una persona adulta. **La diferencia entre un niño y un adulto es que el adulto tiene la experiencia del tiempo, ha tenido que permanecer en un proceso que le ha llevado a lo que hoy es.** Lo mismo pasa con nuestras emociones, en nuestros hogares, trabajos y en todo lo que hacemos. Necesitamos un sentido de permanencia, hay que darle un lugar al tiempo, este es nuestro mayor aliado.

Una persona no puede evadir las etapas del crecimiento, no puede ser un adulto solamente con leer un libro o con un curso en la escuela; no puede ir a la universidad a prepararse y graduarse en el mismo día, esto no es posible; **es necesario una permanencia, una actitud de espera.**

El proceso de la vida nos enseña cómo son las cosas. Por desesperada que esté una persona por dejar de ser un niño, no lo puede lograr; eso no es a su tiempo sino en el tiempo que Dios determinó. ¿Quién va a una universidad el primer día y dice: *"yo solo me inscribo si me dan hoy mismo el diploma."* La respuesta es simple: no se puede, eso no es compatible con la preparación que se requiere para ejercer una profesión, con lo que se necesita para enfrentar la vida en las diferentes áreas. Incluso hay personas que reciben doctorados *honoris causa*, pero aun esos genios no cuentan con la capacidad de otro que se sentó a escuchar a un maestro. El simple hecho de sentarse y escuchar a un maestro, de estar en el aula de clase hasta el tiempo de la graduación, hace a una persona distinta, no es la misma formación de carácter. Entre una y otra hay una experiencia que no es la misma, ¿por qué? Porque una permaneció mientras que la otra, no.

El mundo tiene poca confianza en las personas que no manifiestan madurez, en aquellos que actúan como niños. Con la experiencia que he adquirido trabajando con diferentes personas, he descubierto que aquellos que no alcanzan lo que se proponen, no es por falta de talentos, sino por falta de permanencia, porque no echan raíces. Hay personas que no pueden adelantarse al proceso, pero no se le puede dar a una persona lo que no es capaz de manejar. Los niños tienen la facilidad de beber leche, mas no la de comer alimentos sólidos; porque aún no son capaces.

Cuando una persona se adelanta a su proceso o cuando le evitamos que pase por este, le estamos haciendo un mal, le estamos quitando el poder de la formación, no le estamos brindando la capacidad de permanecer. Cuando hablamos de permanencia no solo estamos refiriéndonos a quedarnos hasta ver que el propósito se cumple en nosotros, sino que también estamos hablando de no alterar el proceso y el curso de las cosas. Siempre he observado a las personas cuando se casan y veo algo muy común en todas: la mayoría no está contenta con la persona con la cual se casa y esto tiene que ver con dos razones:

La primera es que quizás no se permitieron un proceso saludable para conocerse, hacerse novios y casarse sin adelantarse a ninguno de los privilegios que se obtienen en cada una de esas etapas.

La segunda es que las personas se olvidan que nada madura sin reveses y que es imposible el crecimiento sin frustraciones. Muchos piensan que el simple hecho de haberse conocido en las etapas anteriores, los hace perfectos para las etapas superiores, y cuando vienen los nuevos retos, las nuevas obligaciones, caen en sentimientos de frustración y desesperación, los cuales les hacen creer que el mejor camino es el divorcio.

Esta es una de las razones por las cuales tantos hijos crecen sin padres, tantos esposos no disfrutan de ver la grandeza de envejecer juntos y tantos no han podido disfrutar de lo mejor de un matrimonio que es ver los hijos crecer, tener nietos y saber que en cada paso de la vida de esos jóvenes estuvieron presentes.

Todo eso radica en el mismo hecho: no se permaneció y no se vieron los frutos. El noventa por ciento de lo que no resulta es causado por la desesperación de querer adelantar el proceso, y en la frustración de no ver rápido los resultados, abandonan el proyecto.

En el negocio se aplica bien este principio. El negocio es bueno. Vaya a una charla donde lo animan y lo auspician. Usted sabe que está en una gran compañía, la cual le ayudará a alcanzar el éxito. Sus auspiciadores están allí para facilitarle todo, para ayudarlo de manera incondicional. La compañía posee un producto perfecto, justo lo que la gente necesita. Le ofrecen hoteles, cruceros y viajes a diferentes países, pero muchos de los que comienzan nunca los veremos disfrutando tantas bondades y la única razón es porque no permanecen. La vida no tiene nada para los que no permanecen, para aquellos que dejan lo que comienzan.

ESPERE EL TIEMPO CORRECTO

David, el segundo y gran rey de los judíos se vio en una situación desesperante, pero permaneció en una actitud de fe. Él fue ungido por el vidente para ser rey de su pueblo y por lo tanto confió que esto le sería entregado a su tiempo. Saber esperar el tiempo correcto hará que su vida cambie para bien. El Eterno no solo le dará las cosas a su tiempo, sino que también lo hará para transformarlo en medio de la espera. Años después David dijo: *"Pacientemente esperé en el Eterno, y se inclinó a mí, y oyó mi clamor. Y me hizo sacar del pozo de la desesperación, del lodo cenagoso; puso mis pies sobre peña y enderezó mis pasos. Puso luego en mi boca cántico nuevo. Verán esto muchos, y confiarán".*

La situación de David no era de envidiar, no era un lecho de rosas, pero él supo esperar por el propósito para su vida; esa fue la razón por la cual decidió esperar el tiempo adecuado.

Una iglesia en New York utilizó un local por doce años, y cuando los líderes decidieron mudarse, el número de asistencia era de unas doscientas personas. Este local no era el más adecuado para expandir la visión. La congregación estaba ubicada en el sótano de un edificio, donde la renta era de seis mil dólares. Pero en la búsqueda del nuevo lugar se encontró un local cuya renta era de veinticinco mil dólares mensuales. Se hicieron los cálculos de lo que se iba a gastar en la construcción, y el resultado fue de cincuenta mil. Finalmente se gastaron doscientos mil dólares. Se esperaba durar dos semanas construyendo y duraron dos meses.

Cuando se terminó la construcción y se inauguró el nuevo local, todo comenzó a ir en aumento. A los dos años ya había crecido el doble. Hoy, a los ocho años de haberse mudado de allí, es siete veces más grande. Todo eso tuvo un comienzo en el sótano, el lugar donde se echaron las raíces, donde se creció en unidad, en fe, en compañerismo y fue el sustento para poder soportar todo lo demás.

EL HOMBRE DE DOBLE ÁNIMO

El hombre de doble ánimo es inconstante en todos sus caminos. **Todos los extremos son malos. Cuando usted tiene que moverse y no lo hace, las raíces se secan; pero también cuando lo hace y da pasos sin fundamentos, no va a prosperar.** Las personas de doble ánimo, inconstantes, lo son por muchas razones:

Una razón es porque no están dispuestos a pagar el precio y la otra es porque no tienen fe en lo que hacen. Estar dispuestos a pagar el precio es una buena señal de que permanezcan en lo que hacen.

Al hombre inconstante le falta aprender el valor del compromiso. El compromiso nada tiene que ver con las emociones. El que usted se sienta bien o mal no debe ser su motivación para alcanzar sus sueños, es el compromiso que tenga **con su propósito** lo que lo debe movilizar.

Si puede **tener compromiso, también podrá permanecer y echar raíces profundas. La falta de compromisos hace que un**

hombre se mueva con facilidad y abandone sus metas. Nosotros no menospreciamos el valor de los cambios, de hecho creemos que son necesarios en el crecimiento; lo que no apoyamos es la idea de moverse de un lugar a otro sin cumplir el propósito primario. Hay que hacer cambios en la vida, pero cuando uno está en el camino correcto, permanece allí. Los hombres y las mujeres que han pasado por esta tierra y hoy nos sirven como baluarte de superación lo hicieron a través de un cambio importante, estos tomaron en algún momento de su vida una gran decisión.

Recibieron un llamado y lo siguieron. Los cambios son buenos, pero en el tiempo y el momento correctos. Abraham, el padre de los hebreos, es un ejemplo de ello. Este recibió una revelación de su Dios de moverse de Ur de los caldeos y le dijo que se fuera a la tierra que le mostraría. Abraham se fue, permaneció allí y fue prosperado.

Hay una pregunta que la escucho en muchos lugares y por diferentes personas: ¿Qué impide el crecimiento? Entre tantas cosas que puedo mencionar, quiero hablar de una de las que más afectan a las personas de este mundo moderno, y esta es la **falta de integridad.** Cuando lo que usted piensa, lo que usted dice y lo que usted hace no coincide, se convierte en una persona de doble ánimo e inconstante.

El resultado de la inconstancia es el mudarse de un lugar a otro, Esto hace que las raíces se queden por encima y no lo sostienen en los momentos de tormenta. Cuando una tormenta azota al bambú japonés, este se dobla y se pega al piso con la punta pero luego se levanta. La tormenta no tiene poder para destruirlo, porque tiene raíces profundas. En la vida es lo mismo, las personas que se caen con facilidad son aquellas que no permanecen y no dejan que las raíces se tomen su tiempo para crecer.

SABER ESPERAR

Cuando hablo de esperar, estoy refiriéndome al concepto de "permanecer", y esto puede ser una espada de dos filos en un contexto equivocado. El esperar tiene que ver más con "saber hacerlo" que "hacerlo" porque muchos están esperando y no saben qué están esperando; y el que no sabe para dónde va, ya llegó. Cuando esperamos es muy importante tener en cuenta que todo tiene su lugar y su tiempo. El rey sabio llamado Salomón dijo: *"Me volví y vi debajo del sol, que ni es de los ligeros la carrera, ni la guerra de los fuertes, ni aun de los sabios el pan, ni de los prudentes las riquezas, ni de los elocuentes el favor; sino que tiempo y ocasión acontecen a todos"*

Esta declaración es muy importante porque nos lleva a entender que nuestro trabajo no se quedará sin recompensa, siempre y cuando sepamos que estamos en el camino correcto. Cuando hablamos de esperar vamos a tener en cuenta la siguiente pregunta: **¿En quién espero?** Muchos esperan, pero no saben en quién. Esto hace que su espera sea infructuosa, porque no están afianzados en nada cierto.

Me siento feliz cuando hago algo porque siempre tengo la convicción de que me va a ir bien. Tengo fe no solo en mí mismo, sino también en un Dios superior.

Cuando comencé en las ventas llevaba conmigo una promesa de Dios y la repetía en forma constante en mi mente. Cuando empecé a hacer eso mis ventas comenzaron a crecer, porque mi poder mental y mi fe aumentaron. Es que las palabras con poder repetidas en nuestra mente crean resultados poderosos. Por ejemplo, en el libro de Isaías encontramos esta poderosa declaración: *"Él da esfuerzo al cansado, y multiplica las fuerzas al que no tiene ninguna. Los muchachos se fatigan y se cansan, los jóvenes flaquean y caen, pero los que esperan en el Eterno tendrán nuevas fuerzas; levantarán alas como las águilas; correrán, y no se cansarán; caminarán, y no se fatigarán."* Todo hombre o mujer que espera y confía en un ser superior a sí mismo (Dios) multiplicará sus fuerzas y tendrá mayores resultados.

La otra pregunta importante para todo el que espera por algo es: **¿Dónde espero?** No es solo importante **saber por quién esperar,** sino también **dónde lo está haciendo.** Si usted es una persona que está aspirando hacerse rico porque tiene un gran propósito con la humanidad y muchos planes para su familia, **sepa que no puede hacerlo sólo con un trabajo en el que cambia horas por dinero, sino que debe desarrollar su negocio.**

Desarrollar su negocio para tener el tiempo y el dinero que necesita, es algo vital. Buscar una persona con experiencia en lo que hace como mentor, le va a facilitar el camino de la preparación, **la excelencia** y **el éxito** en todo lo que haga. A veces queremos muchas cosas, pero estamos en el lugar inapropiado. **Permanecer no significa esperar en el lugar inadecuado, sino esperar en el lugar correcto.**

Un ejemplo de lo que estoy diciendo es la historia de Abraham, ya mencionado en este libro. Este pudo haber interpretado mal las cosas y haber pensado que debía quedarse en Ur de los caldeos hasta que estuviera preparado, para así llevar suficiente dinero e irse a la tierra que se le había prometido con las manos llenas; pero eso hubiera sido un tiempo de pérdida. Lo que estoy queriendo decir es que cuando no permanecemos en el lugar correcto haciendo las cosas correctas, no estamos echando raíces, sino perdiendo tiempo y años de nuestras vidas.

La otra pregunta en este proceso sería: **¿Por qué espero?** Este análisis lo llevará a la razón del por qué hace lo que hace. Saber las razones por las cuales usted hace las cosas importantes, le permitirán sostenerse en los momentos de dificultades y cuando la visión se ponga borrosa. **Saber la razón por la que hace las cosas** es tener un motivo por el cual permanecer y luchar en el lugar en el que está. Eso aclara sus motivos y propósitos y le da sentido a la visión.

SABER POR QUÉ ESPERA LO LLEVA A DOS COSAS:

1) Entender cuál es su propósito real.

2) Saber la razón por la que usted está en una tarea específica o en una situación dada. Eso es tener un concepto claro de las cosas.

El joven hebreo José tuvo todo tipo de problemas después de salir de la casa de su padre, pero permaneció firme con sus principios. Lo hizo porque esperaba algo mejor y porque sabía que tarde o temprano la visión que había visto en la casa de su padre se cumpliría.

Cuanto más sepa por qué espera algo, usted será más productivo y efectivo. Es posible que sus verdaderos propósitos de vida no sean los negocios, pero si está en ellos (los cuales le van a proporcionar el dinero para cumplir su propósito), entonces valdrá la pena esperar, porque una cosa lo lleva a la otra y recuerde que no siempre llegan como uno las espera. Lo importante es que lleguen de manera sana y justa, y los negocios pueden ser el trampolín para tener el dinero que necesita y cumplir su propósito.

Aunque es importante esperar, también es importante hacerse la siguiente pregunta:

¿Hasta cuándo esperar? El crecimiento y el éxito están muy ligados a la espera, pero eso no significa que esas personas sean conformistas; al contrario, las hace más productivas y las enfoca más en la misión que se les ha encomendado.

Lo que estoy diciendo es que todo tiene su tiempo. El mismo Jesús siempre usaba esta frase: *"Aún no ha llegado mi hora".* Todo lo que dijo e hizo tenía una hora precisa. El problema del ser humano no es esperar, porque muchos son expertos en eso. Tampoco es el ejecutar, ya que algunos no se detienen ni a comer. Lo relevante es saber el tiempo exacto de las cosas, entender que el propósito siempre será que usted sea productivo y no que pierda el tiempo.

En todo lo que hacemos hay algo que debemos tener en cuenta: es el poder que tiene sobre nosotros el andar en contra del tiempo y el hacer las cosas antes de tiempo. **Muchos fracasan en los negocios porque desde que comienzan a recibir buen dinero lo gastan en lujos y no esperan el tiempo apropiado para cambiar su estilo de vida.** Por ejemplo mi hermano estaba desarrollando un negocio y apenas estaba comenzando a crecer, se compró un automóvil. No tenía casa, ni los fondos necesarios para expandirse, pero se compró un automóvil que en la República

Dominicana representa en gasto otra familia. Quizás usted se esté preguntando: **"Wilson ¿cómo sé yo que ya es mi tiempo?"**

La verdad es que yo no tengo respuesta para eso, pero le aseguro que si se deja guiar por los hombres que han sido puestos para ser sus autoridades en la tierra; si sigue el proceso de transformación que ha sido preparado para usted, y si sigue esa voz de éxito que está en su interior, entonces lo sabrá; entenderá el día y la hora que se determinó para que haga cada cosa, cada inversión, cada lujo, y seguramente prosperará.

IX

LOS LÍDERES VENCEN LOS OBSTÁCULOS Y LA BARRERA DEL TIEMPO

Muchos confunden liderazgo con posiciones o riquezas; sin embargo una cosa nada tiene que ver con la otra. **Podría mencionar una gran cantidad de líderes que han cambiado al mundo y no fueron personas ricas:** La Madre Teresa de Calcuta, Mahatma Gandhi, el líder de los líderes el Señor Jesucristo, Siddhartha Gautama (Buda) y muchos otros que no menciono pues no daría este capítulo para hacerlo.

La realidad es que un líder no se distingue por el dinero o la posición que ocupe, sino por la convicción de su misión y propósito. **De hecho, la mayoría de los líderes destacados no han** sido personas aferradas al dinero como objetivo principal, sino personas con claro objetivo de la vida y de su misión, tanto que muchos de ellos cambiaron sus comodidades personales y dieron sus vidas por sus sueños.

Sin embargo, con eso no estoy diciendo que la riqueza y el deseo de tener dinero sean malos, pues no lo son. **Ahora bien, si lo único que lo impulsa a hacer el negocio es el dinero, crecerá muy poco en cuestión de liderazgo.** El dinero siempre llegará como resultado de las buenas acciones, es por eso que **debemos ver el dinero como un medio y no como un fin.**

Un gran líder es aquel que tiene un objetivo superior. Los líderes son los únicos que vencen las dificultades y los reveses del tiempo. Los demás estarán saltando de un lugar a otro buscando solo lo que no permanece, para tristemente no terminar en nada. Israel, un gran líder me contó : *"Comencé este negocio y me enamoré tanto de él que cuando llegué a este país, lo primero que busqué incansablemente fue a alguien que me auspiciara".*

Israel empezó su negocio en 1991, y pasó diversos tiempos de caerse, levantarse, tocar puertas; pero eso no era nada para detenerlo comparado con la satisfacción de hacer lo que deseaba y de llegar a alcanzar lo que tanto buscaba.

NADIE ES RESPONSABLE DE DÓNDE NACE.

Yo nací en un campo llamado La Cueva de Cevico, en el paraje o sector de La Colecita. En mi campo se vivía una vida sencilla, por lo que le facilitó a mis padres tener muchos hijos. Éramos seis hermanos los cuales teníamos que improvisar nuestros propios juguetes. Éramos niños ingeniosos pues preparábamos los juguetes que usábamos. Hacíamos automóviles con ruedas de ramas de jabillas, de neumáticos que ya no servían; y también de ramas de árboles creábamos caballos de pasos finos.

Mi padre no gastaba mucho en ropa, pues solo usábamos pantalones cortos sin ninguna camisa o zapatos. Yo por ejemplo, no creo que usara más de un cuarto de tela pues era muy flaco, tan flaco que mis amigos me decían "Fleco". Me acuerdo que un día un amigo me vio con mis pantalones que me quedaban a la altura de las rodillas y agachándose me dijo: *"Wilson, tráeme una tijera", y* yo inocentemente le pregunté: *¿Y para qué?* A lo que burlonamente me contestó : *"para cortar esas dos hilachas que te bajan del pantalón".* Las dos hilachas o los dos hilos a los que él se refería, eran mis dos piernas.

Mis limitaciones económicas y físicas hicieron que desarrollara una baja autoestima que se ligó con la arrogancia. Esto me hacía tener un carácter muy difícil. **Las personas que no saben relacionarse con los demás, revelan que hay problemas con su autoestima. Relacionarse con otros requiere de mucha humildad.** Cuando las personas te hieren con palabras, acciones o comentarios, si no eres humilde para ver a esa persona como alguien que ignora algo de ti o de lo que tú haces, te sentirás ofendido y eso hará estallar esa relación.

Muchas personas se ofenden cuando los demás no piensan como ellos. Se toman las cosas de manera muy personal y se ofenden estallando en cólera o en represalia con los demás.

...Mis padres comenzaron a moverse a lugares más poblados y a preocuparse por nuestra educación. Yo creo firmemente que el líder no nace en una posición de liderazgo o destinado al mismo. Mi posición es que el líder no nace, sino se hace.

A través del estudio, la práctica y la preparación, una persona puede alcanzar un alto nivel de liderazgo. Este es mi punto: las personas se quejan del lugar de su nacimiento, de su posición social o de su situación actual; pero todo eso puede ser cambiado con el tiempo, la preparación y el deseo de superación. Las personas no están limitadas por el lugar de su nacimiento. No importa dónde usted haya nacido, lo más importante es dónde se encuentra o hacia dónde va.

TODOS LOS COMIENZOS SON DIFÍCILES.

Yo comencé a abrirme al mundo del desarrollo personal cuando decidí estudiar en la universidad. Hasta ese entonces la gente me daba miedo y prefería estar en lugares apartados.

Para estudiar en la universidad necesitaba dinero, el cual no tenía cómo conseguirlo, y fue de esa manera cómo incursioné en las ventas y con ella en el mundo del liderazgo. **Para comenzar a vender tuve que prepararme con la lectura de libros, seminarios y discos compactos. No fue un camino fácil pero algo me ayudó, y fue hacer un firme horario de trabajo. En mi caso yo salía cinco días a la semana y lo hacía fielmente,** como si alguien me pidiera cuentas y que de eso dependiera mi propia vida.

Uno de los desafíos del liderazgo es que las personas deben responder fielmente con sus responsabilidades y asignaciones. Si para usted sus metas no tienen más importancia que la que se le da en una reunión cuando está delante de todos, entonces el mundo del liderazgo será para usted un caminar cuesta arriba.

LOS NUEVOS RETOS TRAEN NUEVOS COMPROMISOS.

Yo creo más en el compromiso que en las habilidades. De hecho es importante que usted entienda que la **habilidad y el don no son suficientes.**

En la agencia había muchos directores más talentosos que yo, pero fui el que tuve mayores resultados tanto en el auspiciamiento como en la venta y eso se debió a que **me levantaba a las cinco de la mañana para trasladarme de una provincia a otra y me acostaba a las doce de la noche.**

Cuando me encontraba en una región donde había hoteles y negocios que trabajan veinticuatro horas al día, me quedaba con mis asociados trabajando esas horas. Yo no pretendo que alguien hoy se esfuerce de esa manera, pero lo que le estoy queriendo decir es que si usted quiere crecer en el área del liderazgo, debe **enfrentar los retos que esto conlleva y debe hacerlo con valor y esfuerzo.**

Los retos no deben desanimarlo. Nada llega por sí solo y es necesario que se prepare para ellos. **La preparación y la determinación lo ayudarán a** ser más efectivo en lo que emprende, pero nadie logra nada a menos que tenga un fuerte deseo de vivir una mejor vida. Cuando su mente visualiza algo mejor, es el momento para expandirse. **Nadie puede hacerlo a menos que no tenga un fuerte motivo. Las personas que no logran extenderse es porque no ven nada mejor o porque se conforman con la mentalidad de que eso es imposible;** y como creen que es imposible, nunca lo intentan.

Si usted no está dispuesto a correr el riesgo y tomar la decisión de hacer un cambio, nunca sabrá hasta dónde podrá llegar y morirá con el dolor de haberse quedado en una vida sin propósito y entre personas comunes.

Otra cosa que distingue a los ganadores de los perdedores, es que éstos siempre se quedan en las ideas, mientras que los ganadores accionan. Había días en los cuales yo estaba tan preocupado y tan cansado, que deseaba que algo pasara en el camino o con el nuevo prospecto, que me hiciera justificar no llegar a cumplir las responsabilidades de ese día. Las preocupaciones y el agotamiento son reales en los líderes. **El líder auténtico no es el que deja de preocuparse, sino el que no deja que las preocupaciones lo detengan. Un buen líder es aquel que tiene determinación y propósito** y está determinado a esperar lo que desea, a pesar de las incomodidades y los infortunios.

Esos días en los cuales yo estaba tan cansado y en los que deseaba no seguir trabajando, me daba cuenta de que al no detenerme y tener buenos resultados con mi asociado, para mí era muy reconfortante. **El líder se cansa y se frustra, pero los buenos resultados son su principal estímulo de motivación.**

EL LÍDER PLANIFICA.

Las personas que no logran lo que quieren en la vida, no se debe a la falta de posibilidades o talentos, sino a la **falta de un plan,** porque no tienen planes delineados y se lanzan a un caminar con la suerte, y esta no existe.

El plan no te hará el trabajo, pero te ayudará a ver mejor el camino y te permitirá retener las personas que están a tu lado. Muchas personas llegan con gran entusiasmo a las compañías de ventas o de redes y terminan yéndose porque no encuentran nada que hacer. Es necesario recordar que el nuevo asociado no conoce nada sobre el oficio y no hará algo a menos que se le enseñe. **Nadie puede esperar que alguien haga algo que no sabe hacer.**

La verdad es que en todas las organizaciones y actividades donde haya que pasar un proceso, habrá personas que desistan. Siempre habrá un porcentaje que lo hace pero éste puede disminuir si reducimos el nivel de desorden en nuestro objetivo y en nuestro plan de trabajo. En mi caso, yo siempre tenía un plan de volumen de venta, de auspicio, de reuniones y días de trabajo. Cuando se tiene un plan, el crecimiento se hace más fácil porque usted no está como quien golpea el aire, sino consciente de su meta.

LOS LÍDERES SIEMPRE BUSCAN OPCIONES

Abraham llegó a Puerto Rico y se puso a vender frutas y verduras y le fue bastante bien. No conformándose con lo que ganaba y con su gran deseo de superación, puso en el país siete puntos de venta más y en ellos a varios empleados para que los atendieran. Sus ganancias aumentaron y todos los días se ganaba suficiente dinero para pagar todas las deudas en su país.

En algún tiempo, después de algunos reveses en sus negocios en Puerto Rico, decidió irse a New York.

Cuando llegó al aeropuerto John F. Kennedy, tenía ciento veinte dólares que había preservado en su bolsillo. Allí abordó un taxi y el taxista le preguntó: "¿A dónde va usted?" A lo que él contestó: "No sé, lléveme adonde haya personas que hablen español".

El taxista le dijo que en Queens se hablaba mucho español, como así también en Brooklyn y en el alto Manhattan. Abraham entonces decidió: "donde sea más cerca." Y el taxista lo llevó a Brooklyn.

Al día siguiente salió a buscar trabajo, pues se había quedado en un hotel. No encontró nada y a los tres días ya no tenía dinero para seguir allí. Salió a dar vueltas por el barrio y encontró un automóvil abandonado en la avenida Bushwick y Myrtle, al que convirtió en su vivienda. Al frente de éste había un restaurante en donde hacía sus necesidades fisiológicas y demás. Después de una semana viviendo allí consiguió trabajo en una fábrica llamada "Mademoiselle", en Flushing y Bushwick donde comenzó a trabajar en una máquina de coser y allí fue donde conoció el sindicato de trabajadores donde trabajaría más adelante.

En la fábrica le pagaban de cien a ciento veinte dólares, y en el sindicato quinientos dólares semanales. Allí pronto lo hicieron dirigente. La verdad es que hoy solo él puede reconocer el por qué lo hicieron. Es que en esos años había muchas mafias y a cualquiera que quisiera desintegrarlas lo mataban. Ahora conversando con él, me dice: *"Yo sé que mi propósito es grande porque nunca me pasó nada. Todo en el sindicato fue una experiencia inexplicable, y un ejemplo de eso fue que me dieron un automóvil nuevo cuando yo no tenía ni licencia de conducir".*

Cuando el sindicato lo nombró como su dirigente, él fue a una fábrica a tratar de sacarla a hacer huelga y lograr que se uniera a ellos. Allí mismo conoció a una joven que estaba en una red de mercadeo, a quien de inmediato le pidió que lo auspiciara y así comenzó su negocio.

LOS PRIMEROS OBSTÁCULOS

Recuerde que el crecimiento trae consigo retos. Quizás usted se esté diciendo: *"Si es así yo no voy a hacer nada"* y la verdad es que no hacer nada para cambiar su vida ya es hacer algo, pero algo que traerá dolor y vergüenza a sus seres queridos, **porque no hay nada peor que nacer para una vida tan grande y vivir sin propósito.** Uno de los obstáculos que Abraham encontró al comenzar su negocio fue que la compañía no hablara el español, y justamente el español era lo único que él hablaba. A la primera reunión que fue, solo asistieron dieciséis personas. Otro obstáculo que tuvo que enfrentar era que las personas creyeran en el producto, pues éste no se conocía y toda la información era en inglés. Desarrollar una compañía como esta en español, en ese momento era casi imposible, pues básicamente no contaba con los recursos necesarios para hacerlo.

Aunque eso representaba un fuerte problema y para muchos era una de las grandes excusas para no entrar en el negocio, él siguió y en vez de enfocarse en esos retos, se concentró en su deseo de triunfar. **Los hombres que triunfan son aquellos que a pesar de los problemas se enfocan en las soluciones.**

Otra cosa muy importante es que el hombre de éxito triunfa dondequiera que llega **y siempre pone por encima su deber, antes que su propia comodidad.**

LA ECONOMÍA

Las personas se quejan de la economía y la mayoría de las veces esta es una de las razones para hacer los cambios adecuados; pero sin embargo cuando tienen problemas económicos estos mismos deben ser el impulso para hacer lo que se debe hacer. He visto personas no hacer su negocio porque se sentían cómodos donde estaban. Ellos creían que estaban muy estables y no necesitaban nada. Eso se respeta, pero también se debe tomar en cuenta que lo económico no lo es todo. ¿Qué tal si sueña con una vida de más libertad o con un negocio que le brinde la oportunidad de crecer como persona, económicamente y en liderazgo para ayudar a otros?

Cuando Abraham dirigía el sindicato su economía era estable; no tenía que preocuparse por vivienda ni automóvil, entre otros gastos; también ganaba un salario limpio de quinientos dólares semanales muy lucrativo para ese entonces, pero eso no era lo que realmente soñaba. Él quería más. **Cuando una persona tiene un sueño y lo tiene bien delineado no se conforma con otra cosa.** Muchas personas que no alcanzan el éxito no lo logran, no por su falta de talentos, de recursos o de oportunidades, sino por causa de dos grandes enemigos del crecimiento:

1) **Se conforman con cualquier cosa.**

2) **No tienen propósito definido y el que no sabe lo que quiere, cualquier cosa le viene bien.**

Siempre que un hombre o una mujer se atreven a comenzar el negocio que va a cambiar sus vidas tendrán otras propuestas y ofertas atractivas. Pero **si están convencidos de lo que quieren, permanecerán hasta lograrlo.**

Hoy en día Abraham vive tranquilo con su familia, disfruta y cosecha de un gran negocio que le proporciona los recursos necesarios para tener la vida que siempre quiso, y para disfrutar sus sueños y cumplir sus deseos. **Su perseverancia, su incansable trabajo y su determinación** lo han llevado a experimentar la felicidad de haber hecho lo que tenía que hacer para vivir *una vida bendecida*. Esta es la buena recompensa de todo lo que se hace con **determinación y deseo ardiente**. Si se acerca a sus líderes y les pregunta por sus historias, es posible que estos tengan una similar, porque todas las historias de éxito y crecimiento se parecen.

X

LA EDIFICACIÓN EN EL LIDERAZGO

Todo buen liderazgo necesita de buenos cimientos y de una edificación firme y responsable. Las organizaciones saludables necesitan de un liderazgo similar. ¿Qué es edificar un líder? Es darle su lugar. Su líder debe tener un lugar que ningún otro debe ocupar, pues la honra en el liderazgo es contagioso, como también lo es la deshonra. La honra es cuando usted trata a una persona por lo que es, reconociendo su valor por encima de la diferencias e imperfecciones.

La honra promueve la estima y el respeto de la dignidad propia y de los demás. Honrar a su líder es darle su lugar.

Lo invito para que se acerque al líder constructor de su equipo y le pregunte cómo lo ha hecho. Es posible que tenga que esperar a una cita o que lo atienda de inmediato (eso no lo sabrá hasta el momento), pero lo que sí le aseguro es que su líder estará más que feliz en servirlo y ayudarlo.

Una de las cosas que cada persona que esté en una organización debe aprender es que su líder inmediato debe ser la persona más cercana a su nivel de liderazgo. El aprendizaje es importante y debemos aprender de todos, pero una cosa es aprender de los escritores, los conferencistas, los maestros y todas las demás personas que le brindan un conocimiento afines con los ideales de su grupo, y otra cosa es que usted busque un aprendizaje totalmente independiente de su organización.

Quiero marcar la diferencia entre aprender de una persona, monitorear a una persona, o tomar a alguien de *coaching*. **Ser guiado por un sistema es seguir las instrucciones y prácticas del mismo.**

Esto es muy importante saberlo porque una persona no puede ser guiada por diferentes filosofías o sistemas a la vez. Debido a que cada organización tiene una filosofía, es importante que los seguidores de la misma la aprendan. Personalmente yo no doy seguimiento a personas que están debajo de una organización con un sistema definido, sólo lo hago con los líderes de la misma. Una persona no puede ser guiada por varias filosofías y esto es muy importante para crecer en el campo donde usted se desenvuelve.

Las técnicas específicas deben ser enseñadas o compartidas por los líderes. Cuando trabajo con personas me aseguro de aportar al conocimiento y a la filosofía de su organización. Pero sin embargo al decirlo yo, alguien externo, causa que se reafirme que el líder tiene la razón y que los conceptos merecen ser puestos en práctica. Incluso podrían pensar que el líder de esa organización me especificó puntos personales o internos de la misma, pero no es así. La razón por la cual todos los que hemos trabajado en la realización práctica de hacer una organización, tenemos conceptos parecidos porque los principios que funcionan son siempre los mismos.

EL COACH.

Hoy en día se usa mucho la palabra *coach* ¿Qué es el *coaching*? Es un método que consiste en acompañar, instruir y entrenar a una persona o a un grupo de ellas, con el objetivo de conseguir alguna meta o de desarrollar habilidades específicas. El coach es una persona que se dedica a entrenar un equipo o a un individuo. Este le da las pautas específicas a seguir y los mandatos.

Las personas de su organización pueden ser su *coach* de negocio. Todos necesitamos uno, pero la mayor motivación para conseguir la meta debe ser interna.

Hay personas que hacen trabajos que no tienen líderes inmediatos, o que no están ligados a ninguna organización específica. Ellos deben buscarse un *coach* externo, que puede ser algún colega a quien le ha ido bien, o alguna persona que maneje bien los conceptos para el crecimiento saludable. Solo se puede ser *coach* en las áreas en las que se tiene autoridad y eso también es importante para tener una organización saludable.

Muchos líderes cometen el error de pensar que al construir bien una organización, no necesitan ayuda en las demás áreas de sus vidas. Áreas como el buen manejo de las finanzas, la buena distribución del tiempo, el matrimonio, las relaciones sociales, la salud, la espiritualidad o cualquier otro nuevo proyecto. Muchos líderes quieren ignorar todo tipo de conocimiento externo y terminan sin una vida próspera ya que la prosperidad tiene mucho que ver con crecer en los diferentes aspectos de la vida.

Yo por ejemplo, recibo monitoreo y entrenamiento (*coaching*) de líderes que son exitosos en las organizaciones de redes de mercadeos. Estos líderes tienen un liderazgo probado en estas compañías y se han destacado entre sus compañeros. Hoy estoy seguro de que mi éxito en esta área se ha debido a que pude reconocer ese punto y fui suficientemente humilde para seguir sus sugerencias. Y fue a través de un entrenamiento con esos grandes líderes, más mi mentor del que **aprendí el principio de "siempre**

ir a los lugares a edificar al liderazgo presente". Esto es vital para mantener un crecimiento y una organización saludables.

EL MENTOR.

¿Qué es un mentor? Es una persona que, con mayor experiencia o conocimiento, ayuda a otra de menos experiencia o conocimiento. El mentor es la persona que ha tenido éxito en una organización o disciplina y lo utiliza para guiar a otra persona. La diferencia entre un mentor y un *coach* es que el primero le sugiere a sus seguidores lo que deben hacer en una ocasión dada. El *coach* no, pues su trabajo es poner en la mesa su conocimiento y dejar que las personas tomen sus propias decisiones.

En una organización se necesita uno y el otro. El mentor para dirigir la visión y el coach **para darle ayuda a los descendientes o a las ramas que componen ese árbol.** Los demás deben aprender bien la disciplina a seguir y ayudar en el liderazgo de la misma a través del *coaching*. Las razones son muchas. Alguna sería mantener el sistema, la otra es cuestión de duplicación, también evitar confusión y facilitar el crecimiento.

LA IMPORTANCIA DE LA MENTORÍA

Para alcanzar sus metas es necesario encontrar mentores que hayan logrado lo que usted desea lograr. Usted puede elegir personas de las cuales aprender. Son los ejemplos, los modelos que usted puede elegir y aprender de sus actitudes positivas y conductas. Con ellos puede superar las actitudes negativas y la falta de disciplina que lo ha frenado hasta ahora. Puede elegir personajes históricos y también personas que lo rodeen actualmente. Napoleón Gill cuenta que él se inspiraba en diferentes personajes de la historia e incluso siempre asistía con ellos a una reunión muy temprano en la mañana. Entre estos personajes famosos los cuales servían de modelo a Napoleón Hill, estaba el presidente Abraham Lincoln.

Todo hombre o mujer exitosos han tenido alguna persona que los inspirara, pues llegar al éxito requiere de alguien que lo inspire.

Un amigo mío estaba pasado de peso, y tanto él como su esposa decidieron que debían cambiar esa situación. Inmediatamente él hizo un plan y decidió buscar una persona que lo ayudara a llegar a la medida de su cuerpo en el cual él se había inspirado. Y sorprendentemente lo consiguió.

APRENDA DE SUS MENTORES.

Cuatro logros importantes que puede obtener de su mentor:

1. Lo ayudará a identificar sus propios modelos y superarlos.

2. Aprenderá cómo incorporar la misma disciplina y conducta de sus mentores.

3. Podrá utilizarla para realizar un esquema de los logros de sus propias acciones, empezando ahora mismo.

4. Aprenderá cómo inspirarse en ellos, dándole fuerza a su propósito con un sentido de posibilidades, haciendo que usted diga: *"Si ellos lo han logrado yo también puedo"*.

Los triunfadores pueden inspirarse en sus modelos de cuatro maneras :

a) A través de los libros.

b) Mirando películas.

c) Con el contacto diario.

d) A través de sus consejos y seguimientos.

CÓMO APRENDER DE SUS MENTORES.

Los triunfadores que tienen una buena disciplina, pueden aprender de sus mentores de manera indirecta. Puedes leer sus libros, escuchar sus charlas y filosofías, leer sus biografías, etcétera. En la Odisea de Homero hay un personaje sabio y práctico a quien se lo denomina mentor. Este fue el que guardó el palacio con sabiduría mientras Ulises disfrutaba de sus aventuras. El mentor es un consejero o maestro sabio. No es perfecto, no hay que idealizarlo, pero el hecho de saber que alguien con defectos logró lo que usted desea hacer, es fuente de mucha inspiración.

EL ÉXITO SE CONSIGUE A TRAVÉS DEL MODELO.

Usted es y será lo que usted mismo se ponga en su mente como imagen. El mentor es su modelo a seguir. Mire bien sus fortalezas y sus debilidades, obsérvelo y aprenda de él. Muchas personas quieren ser muy originales, tanto que no logran el desarrollo que buscan. Es raro que una persona crezca sin imitar a alguien que ya tenga lo que busca. Aunque algunos no lo quieren reconocer, las personas siempre aprenden de alguien. Si se presta atención a los géneros de la música, los cantantes se parecen en su voz a otro que ya estuvo antes que ellos.

Pueden elegir el estilo de Javier Solís, Vicente Fernández, Juan Gabriel, los Tigres del Norte, etcétera. Lo mismo ocurre con otras disciplinas como el arte, la actuación, el boxeo o la oratoria. Los valores, las actitudes y la conducta son transmitidas por el mentor que ya eligió para seguir. Las personas aunque no se den cuenta, han sido alumnos que han aprendido de la conducta y habilidades de alguien más. Los bebés miran las cosas y luego las imitan. Movimientos, gestos, cualidades, carácter y habilidades, todas fueron producto de una completa imitación. Cuando sus modelos en el tiempo de su niñez no fueron los apropiados, esos mismos hábitos fueron adquiridos por usted y ahora es tiempo de cambiarlos.

Los mentores son necesarios para poder crecer en el área en la que usted tiene deficiencias. Use personajes históricos y a las personas que lo rodeen actualmente.

Para sacar provecho del mentor que usted busca, formúlese las siguientes preguntas; ¿Cuál es mi propósito? ¿Cuáles son mis metas? ¿Cuándo deseo alcanzarlas? ¿Cómo podría alcanzarlas y qué hizo mi mentor para lograr las suyas? Observe de él lo siguiente: ¿Cuáles son sus formas de hacer las cosas? ¿Cuál es su manera de pensar? ¿Cómo trata a los demás? ¿Cómo resuelve los problemas? ¿Cómo actúa cuando está bajo estrés? Y lo más importante: ¿Cómo maneja su tiempo? ¿Cómo actúa frente a la victoria?

CÓMO ENCONTRAR UN MENTOR.

1. **El trabajo en red ayuda a las personas a encontrar mentores** y su mayor beneficio es que permite a la persona aprender y sociabilizarse con el mayor número de personas posibles. El trabajo en red hace que las personas tengan mentores cercanos ya que hay un sinnúmero de líderes triunfadores en la organización. Como un niño en una familia, el nuevo auspiciado de la red puede crecer mirando a sus padres y hermanos y aprendiendo de ellos las buenas actitudes y habilidades. La contemplación es la mejor manera de aprender.

2. **Personajes históricos.** Actores, artistas, políticos y hombres de cambios, formadores de los patrones morales, sociales, cívicos, éticos y religiosos que existen.

3. **A través de un conocido.** Como están muy cerca, usted puede ver cómo actúan y cómo piensan.

4. **Funcionar como un aprendiz a través de un maestro mentor**. Esto lo encontramos de manera común en las artes, en los deportes, en la abogacía, en la medicina y en las diferentes escuelas. Cuando haya encontrado su mentor, es necesario conocer lo que él hizo para lograr sus metas:

   a) Conozca si él tuvo que tomar algún curso para desarrollar sus habilidades.

   b) Haga énfasis en averiguar si antes de estar en esa disciplina, su mentor desarrolló habilidades en alguna otra similar.

   c) Pregúntele qué tipo de libros lee y qué tipo de seminarios toma.

   d) Entérese si él también aprendió de otro mentor y cuáles fueron las cosas positivas y negativas que tuvo que cambiar.

   e) Pregúntele cómo él eligió a su maestro y qué cosas no repetiría de él.

CONCLUSIÓN

E n conclusión, cada uno de nosotros tenemos una función que cumplir y es importante si la entendemos y nos alinea para tener el éxito que tanto buscamos en lo que hacemos.

Recuerde que los principios generales siempre deben ser aplicados a la filosofía de su organización. Es su líder quien determinará cuáles de estos son aplicables o no. Yo no pretendo sustituir a ninguno. También es importante recordar que como líderes debemos reestructurarnos y estar abiertos a los cambios, ya que los frutos hablan más de nosotros que nuestra propia boca. La falta de humildad es siempre testarudez.

Un líder debe crecer por dentro antes que por fuera. Todas las cualidades del carácter son básicas para un crecimiento extraordinario. Cuando hablamos de poderes del carácter nos

referimos a ser humilde, valiente, sabio e íntegro; ser visionario, una persona de honra, abierto, innovador; ser excelente, amigable, generoso, agradecido y cortés; no ser envidioso, no ser criticón, ni chismoso; no ser rencilloso ni deshonesto. También ser valeroso, esforzado y responsable; ser puntual, aprovechar el tiempo al máximo, ser positivo y servicial. Ser amoroso, ser un líder de fe, ser de una sola palabra y un solo ánimo. Todo esto es lo que hace a un líder eficiente o fracasado, es lo que hace que un liderazgo pase la prueba del tiempo.

Este libro lleva en su nombre la palabra "base", porque es exactamente la base de toda construcción lo que la hace débil o fuerte, duradera o momentánea.